원불교 이해 2

소태산 대종사와 제자들

서문 성

발간사

원불교를 바라보는 다양한 관점들이 있습니다.

내부 구성원들도 다양합니다. 이 모든 다양성을 충족시킬 수는 없습니다. 그러나 대종사님께서 대각을 통하여 우리에게 전해주신 진리의 모습들과 교단을 통해 비춰지는 많은 모습들을 알기 쉽게 설명하여 많은 사람들에게 이해의 폭을 넓혀가야 합니다.

그동안 다양한 현장의 소리를 들으면서 신입교도님과 기존교도님들의 의식에 어떻게 원불교를 쉽게 알릴까하는 고민을 많이 했습니다.

교화를 해보려고 노력을 하는 만큼 다양한 교재가 필요하리라 생각됩니다. 이러한 현장의 욕구를 충족시키기 위하여 앞으로 다양한 교재를 만들어 나갈 것입니다. 그중 하나의 작업으로 우선 초급교도에게 적용할 수 있고, 기존교도님들께서 주변의 인연에게 교화불공을 할 때 이해의 폭을 넓혀주는 용도로 기초적인 이해와 대종사님과 역대 종법사님, 그리고 초창기 교단 인물을 중심으로 하여 《원불교 이해》를 2권의 책으로 발행하였습니다.

이 책을 바탕으로 하여 교당에서는 다양한 분야로 접근하시고, 또한 프로그램을 기획하시는데 활용되었으면 합니다.

이 책은 기존교도님들께서 교당에 다니면서 원불교를 체계적으로 알아가는 과정에 활용하면 더욱 좋을 것 같습니다.

끝으로 글을 써준 서문 성 교무와 이 책이 출판되도록 수고해준 교무님들에게 감사의 말씀을 드립니다.

교화연구소장 황도국 합장

글머리

원불교는 역사가 오래되지 않은 관계로 불교나 기독교와 달리 아직 문화가 이 땅에 정착되지 못한 점이 있습니다. 그리하여 '종교가 무엇입니까?' 하는 질문에 불교나 기독교를 다닙니다 고 하면 '그렇습니까?' 하지만 '원불교에 다닙니다.' 하면 '원불교가 무엇입니까? 불교의 한 종파입니까?' 하는 등의 질문이 따라붙습니다.

원불교 교도임에도 원불교를 다닌다고 말하지 못하고 얼버무리는 가하면 '저는 잘 몰라요.' 아니면 '마음 공부하는 곳이 예요. 교당에 가서 교무님께 여쭈어 보세요.' 하는 경우가 있습니다. 또는 자신이 답을 하고도 맞는 답을 했는지 어떤지 당황스럽고, 다음 질문이 나올까봐 그 자리를 피하게 된다는 한 교도의 이야기에서 오늘의 현 주소를 알 수 있었습니다.

본 교재가 원불교를 처음 접하는 교도님들의 원불교 기초공부 교재와 기존 교도님들이 교리공부를 점검하고 체계적으로 공부하여 누구에게나 '저는 원불교에 다닙니다.' '원불교는 이런 종교입니다. 저와 같이 교당에 가시지요'라고 자신 있게 말하며 새 회상으로 이끄는데 조금이나마 도움이 되었으면 합니다.
또한 본 교재는 교당에서 기초공부를 하거나 교화단에서 공부하는 교재로 활용할 수 있도록 만들었습니다.
원불교 이해를 공부하며 '새겨보는 문제'로 점검할 수 있도록 하였지만 정답은 본문에서 쉽게 찾을 수 있기에 따로 밝히지 않았습니다.

《원불교 이해》는 2권으로 분류하였습니다. 1권은 원불교 이해의 첫걸음 편, 2권은 소태산 대종사와 제자들 편입니다.
원불교 이해는 이미 출간된 30여 종의 교재들을 참조하였습니다. 그 중 월산 김일상 교무님과 인산 송인걸 교무님의 자료에 힘입은바 큽니다.
새 회상과 함께하는 모든 인연들에게 은혜가 충만하기를 염원합니다.

서문 성

원부교 이해2
소태산 대종사와 제자들

발간사

글머리

목차

I. 소태산 대종사와 후계 종법사

1. 소태산 대종사의 생애   11
2. 정산 송규 종사의 생애   59
3. 대산 김대거 종사   96
4. 좌산 이광정 상사   103
5. 경산 장응철 종법사   109

II. 소태산 대종사의 9인 제자

1. 일산 이재철 대봉도   117
2. 이산 이순순 대호법   122
3. 삼산 김기천 종사   127
4. 사산 오창건 대봉도   132
5. 오산 박세철 대봉도   137

6. 육산 박동국 대호법	142
7. 칠산 유건 대호법	145
8. 팔산 김광선 대봉도	150

Ⅲ. 일타원에서 십타원까지

1. 일타원 박사시화 대봉도	158
2. 이타원 장적조 대봉도	164
3. 삼타원 최도화 대호법	169
4. 사타원 이원화 대봉도	174
5. 오타원 이청춘 대봉도	179
6. 육타원 이동진화 종사	184
7. 칠타원 정세월 정사	189
8. 팔타원 황정신행 종사	194
9. 구타원 이공주 종사	200
10. 십타원 양하운 대호법	206

I 소태산 대종사와 후계 종법사

1. 소태산 대종사의 생애
2. 정산 송규 종사의 생애
3. 대산 김대거 종사
4. 좌산 이광정 상사
5. 경산 장응철 종법사

 소태산 대종사의 생애

1) 탄생(誕生)

　소태산 대종사는 서기 1891년 5월 5일(음 3.27) 전라남도 영광군 백수면 길룡리 영촌에서 아버지 회산 박회경(晦山 朴晦傾) 대희사와 어머니 정타원 유정천(定陀圓 劉定天) 대희사의 4남 2녀 가운데 3남으로 탄생하였다.

　소태산 대종사는 밀양 박(朴)씨이며 어릴 때 이름은 진섭(鎭爕), 결혼 후에는 자(字)를 처화(處化)라고 불리어졌고, 진리를 깨달은 후에서 중빈(重彬)이라 썼다.

　소태산 대종사의 어릴 때 모습은 "기상이 늠름(凜凜)하시고 도량(度量)이 활달하시며, 모든 사물을 대함에 주의하는 천성이 있어, 보고 듣고 말하고 행동함을 항상 범연히 아니하시며, 매양 어른들을 좇아 그 모든 언행에 묻기를 좋아하시며, 남과의 약속에 한 번 하기로 한 일은 아무리 어려운 일이라도 실행하였다"라고 《원불교교사》에 밝히고 있다.

　소태산 대종사의 어린 나이였던 4~5세 때의 일화가 전해진다.

4살 때 늦은 봄철이었다.

길룡리 사람들은 동학군(東學軍)을 자칭한 난당(亂黨)이 온다는 소문이 들려와 모두가 불안해 하고 있었다. 그 이유는 동학군을 가장한 폭민(暴民)들이 백성들의 생명과 재산을 빼앗아 가기 때문이었다. 어린 진섭(소태산 대종사)이 어른들의 이런 말들을 귀담아 듣게 되었다.

어느 날 아침이었다. 진섭은 아버지와 함께 식사를 하는데 자기의 밥이 부친의 밥보다 적다하여 부친의 밥을 자기의 그릇으로 덜어왔다.

아버지는 어린 진섭이 하는 짓이 귀엽기도 했지만 버릇이 없어 보여 말을 건넸다.

"네가 어른의 밥을 아무런 말도 없이 가져가니 그 죄로 마땅히 매를 맞아야 하겠다."

"아버지가 만일 저를 때리기로 하시면 제가 먼저 아버지를 놀라시게 하겠습니다."

아버지는 어린 아들의 말 답변을 귀엽게 여기고 식사를 마치자 집안일을 살폈다. 한동안 집안일을 하던 아버지가 피곤하여 사랑(舍廊)에서 쉬고 있을 때 마루에서 놀던 진섭은 사랑을 향하여 소리를 질렀다.

"저기 노루목에 동학군이 나타났다. 저기 노루목에 동학군이 쳐들어온다."

 사랑에서 잠시 눈을 붙이고 있던 진섭의 아버지는 이 소리에 크게 놀라 자신도 모르게 뛰쳐나와 뒤뜰 대나무 숲으로 몸을 숨겼다.

 그런데 많은 시간이 지나도 별스런 기척이 없었다. 이때 어머니 유씨가 그 광경을 보고 불안한 마음으로 마을 안을 돌아보니 동학군의 자취는 찾아볼 수 없었다.

 돌아온 어머니가 진섭에게 사실 여부를 확인하자, 진섭은 "제가 아침밥을 먹을 때 아버지와 약속한 일을 행하였을 뿐 이예요"라고 대답하는 것이었다.

 실로 어처구니없는 일이었지만 일방적인 약속이라도 이행하는 습성이 어릴 적부터 굳어 있었던 것이다.

 5세 때 여름철이었다.
 그날도 여느 날처럼 동무들과 마을 앞 개울 근처에서 놀고 있었다. 그때 두 동무가 갑작스럽게 큰 소리를 지르고 부둥켜 안은 채 우는 것이었다.
 어린 진섭은 동무들에게 우는 이유를 묻자 동무들은 손으로 부근에 있는 뱀을 가리켰다.
 진섭은 가지고 있던 막대기로 뱀의 앞을 가로 막으며 "너 이놈!

뱀인 네가 어찌하여 사람을 놀라게 하느냐!"하면서 호령을 하자 뱀은 머리를 돌려 다시 수풀 속으로 들어갔다.

어린 나이의 이런 대담성은 한 두 차례가 아니었고, 일상생활 속에서 자주 일어난 것이었기에 후인들은 그 성품의 일면을 '**대담하시고 신의가 있으시었다**' 라고 표현하였다.

◆ 새겨보는 문제 ◆

(가) 소태산 대종사는 1891년 □월 □일 전라남도 영광군 백수면 □□리 영촌에서 탄생하였다.
(나) 소태산 대종사의 어릴 때 이름은 진섭, 결혼 후에는 자를 □□라고 불리어졌고, 진리를 깨달은 후에서 □□이라 썼다.
(다) 동학군을 자칭한 □당과 관련된 일화는 소태산 대종사의 □세 때의 일화이다.

2) 구도(求道)

① 하늘을 보고 의심

소태산 대종사가 처음 진리에 대한 의심을 갖게 된 것은 7세 때의 일이다.

일기가 화창한 어느 날 문득 '저 하늘은 얼마나 높고 큰 것이며, 어찌하여 저렇게 깨끗하게 보이는 고' 하는 의심을 가진 뒤 이어 '저와 같이 깨끗한 하늘에서 우연히 바람이 일고 구름이 일어나니, 그 바람과 구름은 또한 어떻게 일어나는 것인가' 하는 천지에 대한 의심을 시작으로 그 의심이 점점 깊어감에 따라 9세시 경에 이르러는 자신의 일로부터 주변의 인연관계 등 모든 것에 의심이 일기 시작하였다.

'나는 어떻게 태어났으며, 부모님은 어찌하여 저렇듯 다정히 사랑하시며 살아 가시는가?'

'마을 사람들은 왜 이렇게 모여 살게 되는 것일까?' 하는 등등의 모든 것이 의심되지 않은 바가 없었다.

이렇듯 많은 의심을 가지고 그 의심을 풀어보고자 노심초사 하던 중 11세 되던 (음) 10월 아버지를 따라 영광군 군서면에 있는 마읍리 선산에서 열리는 묘제(墓祭)에 참석하게 되었다. 그런데 소태산 대종사는 여기에서 또 하나의 의심을 가지게 되었다.

묘제에 참석한 모든 사람들이 선조에게 제사를 지내지 않고 산신(山神)에게 먼저 제사를 지내는 일이었다.

소태산 대종사는 친족 가운데 가장 웃어른을 찾아서 질문을 하였다.

"할아버지, 선조님 제사를 먼저 지내지 않고 산신에게 먼저 제사를 지내는 까닭은 무엇이옵니까?"

"산신은 산의 주인이시며 산에서 일어나는 모든 일들을 주관하고 신령스런 능력을 가지고 있기 때문이란다."

어린 소태산 대종사는 이 대답을 듣고 마음에 큰 설레임과 확신이 일어났다.

'됐다. 지금까지 내가 가지고 있던 의심을 산신령님에게 물어본다면 해결할 수 있겠구나' 하고 생각하며 다시 질문을 했다.

"할아버지! 산신은 뵈올 수 있사옵니까?"

"정성만 지극하다면 만나 뵈올 수 있단다."

② 산신을 만나기 위하여

어린 소태산 대종사는 집에 돌아가면 '구수산(九岫山)에 올라 구수산의 산신령님에게 온갖 정성을 다 바쳐 산신령님이 나타나시면 나의 의심된 바를 물어봐야지' 하는 생각을 하게 되었다.

소태산 대종사는 묘제가 있었던 그 후부터 부모님 몰래 집으로부터 3km여 떨어져 있는 구수산 삼밭재 마당바위에 올라 기도를 시작하였다. 그 후 소태산 대종사의 뜻을 안 부모님이 후원을 해주었다.

어린 소태산 대종사는 산신을 만나기 위한 일념으로 쉬지 않고 삼밭재 마당바위를 오르내리며 기도를 하였다.

오랜 세월을 끊임없이, 비가 오나 눈이 오나 철따라 과일을 채집하고 또는 집안에 음식이 있으면 가지고 올라가 기도를 올렸다.

세월이 흘러 15세 되던 해 가을이었다.

무려 5년간을 끊임없이 기도를 했지만 산신은 나타나지 않았다. 그러나 소태산 대종사는 이에 절망하지 않고 기도를 계속하던 중 부모님의 뜻에 따라 당시 같은 면내의 홍곡리에 사는 제주 양씨 집안의 딸 '하운(夏雲)'과 결혼을 하게 되었다.

소태산 대종사는 결혼을 한 이후에도 기도를 쉬지 않았다.

모진 추위 속에서도 기도를 쉬지 않았던 소태산 대종사는 결혼한 이듬해 새해를 맞아 부인과 함께 홍곡리에 있는 처가(妻家)에 새해 인사를 갔다.

소태산 대종사는 홍곡리에서 며칠 지내는 동안 사랑방에서 마을 사람들을 만날 수 있었고 이야기도 나누었다.

그러던 어느 날 소태산 대종사의 구도에 하나의 큰 계기가 되는 사건을 만나게 되었다.

마을 사람이 낭랑한 목소리로 밤마다 읽어주는 《조웅전(趙雄傳)》이라는 책의 주인공 조웅이 도사(道士)를 만나 자신의 품었던 뜻을 이루는 내용을 듣고 새로운 마음을 일으키게 되었던 것이다.(조웅전 또는 박태부전이라고 함)

소태산 대종사는 '그렇다. 산신은 사실적인 인물이 아니기 때문에 만나기가 어렵지만 도사는 사람이기 때문에 쉽게 만날 수 있 겠지' 라는 생각에 서둘러 집으로 돌아왔다. 그리고 그날부터 도사 찾기에 정성을 들이기 시작하였다.

◆ 새겨보는 문제 ◆

(가) 소태산 대종사의 최초의 의심은 □세 때에 □□에 대한 의심에서 부터 시작하였다.

(나) 소태산 대종사의 나이 □□세 때에 선산 묘제에 참석하여 □□에 대한 이야기를 들었다.

(다) 소태산 대종사는 구수산 □□재 마당바위에서 산신을 만나고자 □년간을 기도 하였다.

(라) 소태산 대종사 15세 때에 결혼하여 처가에 새해 인사를 갔다가 고대소설 □□전을 듣고 □□를 만나고자 하였다.

③ 도사를 찾아서

소태산 대종사는 처가의 사랑방에서 들은 《조웅전》 속에 나오는 도사는 인간이 생각하기 어려운 신통력이 있고, 모든 것을 모르는 바 없는 신과 같은 존재이며, 그 모습은 마치 걸인과 같아서 보통 사람의 눈에는 잘 뜨이지 않는 사람으로 그려져 있었다.

날이 갈수록 소태산 대종사의 마음은 도사에 대한 그리움이 크고, 따라서 산신을 만나기 위한 기도는 점점 도사 찾는 데로 돌려져 얼마가 지난 뒤에는 온통 도사 찾는 데에 그 정성을 기울였다.

길을 가다가 마주치는 사람이 보통 사람과 조금만 다른 점이 있어 보이면 곧 물음을 건네어 보고 대화를 나눠 보기를 서슴지 않았다.

도사를 만난다는 것은 용이한 일이 아니었다.

많은 세월이 흘렀지만 소태산 대종사의 의심을 해결하여 줄 도사는 없었다.

정성도 드렸고, 돈도 많이 들여 밤낮을 가리지 않고 혈성으로 찾았지만 결과는 의심만 더 깊어질 뿐이었다.

소태산 대종사가 도사를 만나려고 정성을 바치는 가운데 있었던 일화가 몇 가지 전해진다.

어느 날 소태산 대종사가 어느 술집 앞을 지나는데 한 걸인이 주막 벽에 쓰여 진 제갈공명의 시인 '대몽수선각 평생아자지(大夢誰先覺 平生我自知, 큰 꿈을 누가 먼저 깨칠 것인가. 내 평생 스스로 알리라.)'를 큰 소리로 낭독함을 보고, 혹시 저 걸인이 도사가 아닐까 하여 집으로 인도하여 식사를 잘 대접한 뒤 이야기를 건네어 보니 평범한 걸인 이상이 아니었다.

또 한 번은 스스로 도사라 칭하고, 사람들도 도사라고 일컫는 사람을 모시게 되었다.

처사(도사라 자칭한 사람)는 소태산 대종사의 부친과 소태산 대종사를 만나자 두 가지 조건을 제시하였다.

하나는 자기 **자신을 스승으로 대하고 예(禮)를 올리라는 것**이었고, 또 한 가지는 소태산 대종사의 의심을 풀어 주었을 경우에는 그 대가(代價)로 **황소 한 마리를 내놓아야 한다는 것**이었다.

소태산 대종사의 부모님은 처사를 향하여 소태산 대종사의 의심만 풀리면 두 가지 사항을 모두 이행할 것을 약속하고 그 도사가 요구하는 대로 뒷바라지를 하였다.

처사는 이틀 밤낮을 통하여 숨 쉴 틈도 없이 모든 뜻을 이루어 준다는 자신의 신장을 불렀지만 신장은 나타나지 않았다.

당황한 처사는 몇 가지 사항을 더 요구하여 열심히 신장을 불렀지만 종래 신장이 나타나지 않자 3일째 되던 밤에는 어둠을 이용하여 소태산 대종사 몰래 담을 넘어 도주하였다.

16세부터 도사를 찾아 헤매기 5년, 소태산 대종사가 20세 되던 **10월, 가장 큰 후원자이고 자신을 가장 잘 이해하여 주었던 부친이 열반**을 하고 말았다.

도사를 만나지 못하여 애타하던 소태산 대종사의 구도생활에는 엄청난 타격이 아닐 수 없었다.

어릴 적부터 계속되어 온 의심을 해결하여야 하는 것은 물론 어머님 봉양과 가족을 책임져 가계를 꾸려가야만 하고 물려받은 부채를 갚아야하는 부담을 안아야 했다. 그런가 하면 나라가 일본에 합방되어 버렸다.

실로, **구도와 생활의 문제 그리고 외적으로 시대가 안겨 주는 괴로움의 극치** 속에 나날을 보내야 했다.

◆ 새겨보는 문제 ◆

(가) 소태산 대종사는 16세부터 □□를 찾아 □년여를 헤매었다.

(나) 한 걸인이 주막 벽에 쓰여 진 시를 보고 낭독한 '대몽수선각 □□아자지(大夢誰先覺 平生我自知)'는 □□공명의 시이다.

(다) 도사라 자칭한 사람이 자신의 □□을 불러준다고 하였지만 나타나지 않자 몰래 □□하였다.

(라) 소태산 대종사가 □□세 되던 해 가장 큰 후원자인 부친이 □□하였다.

④ 이 일을 어찌할꼬?

　소태산 대종사는 구도와 생활의 괴로움 속에서 장사 등을 하였으나 어려움을 면치 못하였다. 소태산 대종사를 안타깝게 여긴 외숙 유건(칠산)과 이웃마을에 사는 이순순(이산)의 도움으로 신안군 탈이섬에서 열리는 파시(波市, 바다위에서 열리는 생선시장)에 3개월여 장사하여 아버지로부터 물려받은 부채를 청산하였다.

　그 후 22세부터는 산신을 만나는 일과 스승을 찾는 일이 한갓 부질없는 것이고 허망한 것임을 느끼기 시작하여 스스로 의심 해결에 대한 걱정이 깊어졌고, '내 이 일을 장차 어찌할꼬?' 하는 하나의 의심으로 이어졌다.

　구도에 대한 열정으로 고창 연화봉 초당에 가서 한 겨울에 3개월여의 적공을 하고 돌아왔다. 연화봉 적공에서 큰 힘을 얻는 계기도 되었지만 몸에 해수증(咳嗽症)을 얻기도 하였다. 그 후 '내 이 일을 장차 어찌할꼬?' 하는 문제가 소태산 대종사 자신을 엄습하자 소태산 대종사의 생활은 완전히 초점이 없는 사람의 생활처럼 보였다.

　길을 가다가 망연히 서 있는가 하면 밥상을 대해도 식사를 하지 않고 정신을 잃은 사람마냥 가만히 앉아 있기가 일쑤였다.

　이렇듯 생활이 초점 없는 듯 계속되어질 때 일어난 일화는 한두 가지가 아니었다.

 어느 날이었다. 소태산 대종사를 시봉하는 사람이 밭일을 나가기 위하여 아침 일찍 소태산 대종사에게 밥상을 올렸다. 그리고서 밭에서 일을 하고 점심을 올리기 위하여 서둘러 집에 돌아와 방문을 열고 안을 들여다 보았다.
 소태산 대종사는 아침 밥상을 올릴 때와 다름없이 묵연히 앉아 있는 상태였고 밥상 위에는 무수한 파리 떼가 들끓고 있었다.

 또, 어느 날은 법성포(法聖浦)라는 곳으로 장을 보러 아침 식후에 출발하였다. 장에 가다가 나루터인 선진포(仙津浦)에서 '이 일을 장차 어찌 할꼬?' 하는 의심이 들어 망연히 서 있었다. 법성포 장을 다녀오던 마을 사람들이 "여보게! 자네 이곳에서 지금까지 무엇을 하고 있는 게야!"하는 소리에 놀라 깨어 보니 벌써 오후가 되었다.
 이와 같이 시간과 장소를 잊고 세월을 보낸 지 몇 년, 25세 되던 해부터는 '내 이 일을 장차 어찌할꼬?' 하는 의심도 사라지고 오로지 묵연히 앉아서 지내는 시간이 많아졌다.
 이때부터 몸에 있던 종기와 연화봉에서 부터 얻은 해수증이 더

심해져 심신간에 괴로움을 겪지 않으면 안 되었으나 결코 이것이 문제가 되는 것은 아니었다.

인근의 주민들은 소태산 대종사의 이런 모습을 보고 몹쓸 병에 들었다고 가까이 하기를 꺼렸고 나중에는 하나같이 폐인으로 낙인찍고 혹 병이 옮지나 않는가 하여 집 주변에 가는 것마저 꺼리는 판국에 이르게 되었다.

뿐만 아니라 엎친 데 덮치는 격으로, 진리에 대한 의심 하나로 일관된 생활을 하다 보니 가정을 돌보지 못하여 그에 따라 은거하고 살던 집(노루목 집)이 비만 오면 방안에 빗물이 가득 고이기까지 했었다.

실로 의·식·주 모두가 소태산 대종사의 몸과 마음을 조이고 또 조였던 것이다.

소태산 대종사는 이런 생활을 계속하는 가운데 26세 되던 1916년(병진년) 봄이 되었다.

◆ 새겨보는 문제 ◆

㈎ 소태산 대종사는 가사를 돌보기 위해 □□□으로 3개월여 장사를 다녀와 □□를 청산하였다.

㈏ 소태산 대종사는 고창 □□봉 초당에 가서 3개월여의 적공을 하면서 얻은 병이 □□□이다.

㈐ 소태산 대종사 법성포 장에 가다가 □□□에서 □□에 들어 망연히 서 있었다.

㈑ 소태산 대종사는 □□세 되던 해부터 묵연히 앉아서 지내는 시간이 많아졌다.

3) 큰 깨달음(大覺)

1916년 4월 28일 새벽이었다. 간밤에도 묵연히 앉아 대정(大定)에 들었던 소태산 대종사는 새벽이 되자 자신도 모를 정도로 정신이 맑아져 왔다.

7세 때 '저 하늘은 얼마나 높고 큰 것이며, 어찌하여 저렇게 깨끗하게 보이는 고' 하는 의심을 가져 '이 일을 장차 어찌할꼬?' 하는 과정을 거치고, 시간과 장소를 잊은 채 지내기 몇 년, 의심을 일으킨 20여 년 만에 처음으로 느껴보는 정신의 환희였다.

소태산 대종사는 기쁜 마음을 가눌 수 없어 방 밖으로 나오니 동녘 하늘은 여명이 트기 시작하고 있었다.

순간, 전에 없이 자신의 모습을 생각하게 되었고 따라서 단정하지 못한 자신을 발견하게 되었다.

소태산 대종사는 자신의 어지러운 모습을 느끼고 몸을 씻어야겠다는 마음도 갖게 되었다.

그 후 어릴 적부터 의심되었던 문제를 생각하니 모두가 확연히 알아지는 것이었다. 형용할 수 없는 기쁨이었다.

이른바 20여 년간 온갖 정성을 다하여 얻고자 하셨던 **큰 깨달음(大覺)을 이루었던 것**이다.

이 날이 바로 1916년(병진년) 소태산 대종사의 26세 되던 4월 28일(음 3.26) 이었다.

소태산 대종사는 그때 깨달음의 진리를 말했다.

"만유(萬有)가 한 체성(體性)이며, 만법(萬法)이 한 근원(根源)이로다. 이 가운데 생멸(生滅) 없는 도(道)와 인과보응(仁果報應)되는 이치(理致)가 서로 바탕하여 한 두렷한 기틀을 지었도다.(〈대종경〉 서품 1장)."

우주의 이치는 하나이며 그 이치는 생멸이 없고(不生不滅) 인과로 이루어진다(因果報應)는 뜻이다.

그리고 그때 깨달음의 심경을 '청풍월상시(淸風月上時)에 만상자연명(萬象自然明)'이라 하였다.

맑은 바람 솔솔 불고 밝은 달 두둥실 떠오르니, 우주의 대소유무와 인생의 시비이해가 저절로 훤히 밝고 밝게 드러나더라는 뜻이다.

◆ 새겨보는 문제 ◆

㈎ 소태산 대종사가 깨달음을 얻은 때는 26세 되던 1916년 □월 □□일이다.

㈏ 소태산 대종사의 깨달음을 대각(□□)이라 표현하며 이날을 원불교의 기원으로 삼아 대각□□절이라 경축한다.

㈐ 소태산 대종사가 깨달음(대각)의 심경을 시로써 표현한 '청풍월상시 만상자연명'을 한자로 쓰시오. □□□□□ □□□□□

4) 새 회상 건설

① 제자를 얻음

대각(大覺)을 한 후 소태산 대종사의 모습은 옛 모습과 같지 아니하였다.

덕스러움과 위엄이 겸하여졌고 신체의 각 부위에서는 빛을 발하였다. 엄청난 변화가 아닐 수 없었다.

이렇듯 큰 변화를 본 사람들은 하나둘 소태산 대종사를 찾게 되었다. 그 중 첫 번째 제자는 12살 연상으로 이웃 범현동에 살며 소태산 대종사가 깨달음을 얻기 전 생활과 구도에 도움을 준 김광선이다. 그 후 몇 개월이 지나자 휘하에는 40여 명의 제자가 모이게 되었다.

제자를 얻은 소태산 대종사는 그 가운데 진실 되고 믿음이 독실한 여덟 사람을 뽑아 상수제자(上首弟子)로 삼고 깨달음의 세계를 조금씩 펴기 시작하였다.

제자들의 공부 정도로는 소태산 대종사의 깨달음의 세계를 이해하기에 요원하였지만 여덟 제자인 이재철·이순순·김기천·오창건·박세철·박동국·유건·김광선 등은 소태산 대종사에게 마음과 몸을 다하여 혈심(血心)의 신성(信誠)을 바쳤다.

② 단 조직

원기 2년 (음) 7월 26일 소태산 대종사는 이미 선정한 여덟 제자를 중심하여 세계를 건지고 생령을 건지기 위하여 세계의 인류를 하나의 조직(組織)으로 엮을 방법을 단(團)으로 할 것을 결정하였다.

단은 소태산 대종사 스스로 단장이 되고 여덟 제자를 단원(團員)으로 하며 중앙(中央)의 한 자리는 비어 놓은 채 10인 1단의 단 조직을 마무리 지었다. 이 단이 새 회상의 최초 교화단으로 첫 수위단이 되었다.

소태산 대종사는 단 조직을 끝내며 제자들에게 중앙의 자리를 비워 놓은 이유를 설명하였다.

"이 자리(중앙)는 들어설 사람이 있느니라. 머지않아 우리를 크게 도울 사람이 나타나리라"고 미래를 예측하여 주었다.

단이 조직되자 제자들의 공부는 날이 갈수록 길어졌고 이쯤 되자 소태산 대종사는 제자들과 저축조합(貯蓄組合)을 만들고 손수 조합의 규약을 만듦과 동시에 조합의 운영발전의 방법을 제시하였다.

◆ 새겨보는 문제 ◆

㈎ 소태산 대종사의 최초의 제자는 이웃에 사는 12살 연상인 김
□□이다.

㈏ 소태산 대종사가 믿고 따르는 □□여 명의 제자 중 진실 되고
믿음이 독실한 여덟 사람을 뽑아 □□제자로 삼았다.

㈐ 소태산 대종사의 최초 여덟 제자는 이재철·이순순·□□
□·오창건·박세철·□□□·유건·김광선이다.

㈑ 여덟 제자를 중심하여 최초의 교화단을 원기 2년 (음) □월 □
□일에 조직하였다.

③ 저축조합을 만듦

원기 2년 (음) 8월 소태산 대종사의 뜻은 제자들의 뜻
과 하나가 되어 저축조합을 만들었다.

자산을 모으는 방법은 담배와 술을 끊고, 허례를 폐지하며, 식량
을 최대한 아끼고, 노는 날을 기하여 공동 작업을 하자고 하였다.

자산을 늘리는 방법과 규약은 잘 지키어져 조합이 발전되어
갔다.

조합이 시작된 지 몇 개월이 되자 조합은 튼튼하게 되었고 따라

서 소태산 대종사의 위대함이 날로 드러나 믿고 따르는 사람도 더욱 늘어났다.

소태산 대종사는 조합의 자산 2백여 원과 소태산 대종사의 집 가산을 정리하여 희사한 4백여 원을 합하여 6백여 원에 이르자 새로운 사업을 계획하였다. 영산 앞바다의 한 부분을 막으려는 엄청난 계획이었다.

④ 바다를 막다

소태산 대종사는 저축조합운동을 전개하면서 내적으로 끊임없이 제자들을 훈련(訓練)시켜 훈련을 받은 제자들의 정신은 하나로 뭉쳐졌다.

저축조합의 자산 6백여 원과 이웃 마을 천정리 부호인 김덕일에게 4백 원을 차용하여 조합의 자산이라 할 1천여 원을 모두 목탄(숯)을 사도록 지시 하였다.

당시의 김덕일은 고리대금을 하는 사람이었으며 신용 담보가 없으면 대여를 하지 않는 구두쇠였다. 어느 날 소태산 대종사 한 제자에게 김덕일에게 가서 돈을 차용해 오도록 하였다. 그러나 그 제자는 가능치 않다고 답변을 하였다. 이에 소태산 대종사는 "아니다. 반기어 맞아 돈을 대여하여 줄 것이다"라는 말씀에 제자는 반신반의(半信半疑)하고 김덕일에게 갔다. 소태산 대종사의 말씀과 같이 그 구두쇠가 흔연히 4백 원을 서둘러 대여해 주었던 것이다.

    조합의 전 자산을 들여 목탄(한 포대에 25～30전을 주고 구입함)을 구입하였다. 그 후 7～8개월이 지나 다시 팔게 됐을 때는 가격이 10여 배에 가깝게 뛰어 있는 상태였다. 그렇듯 **가격이 폭등한 것은 제2차세계대전에 연료가 없어 자동차를 목탄으로 굴려야 했기 때문**이었다.

    10여 배에 가까운 이익, 이것은 조합원들의 사량(思量)으로써는 도저히 짐작할 수도 없는 일이었다.

    결국 조합의 자산으로 구입했던 숯 판매에서 8～9천 원의 돈이 마련되자 소태산 대종사는 제자들을 향하여 영산의 앞바다를 막자고 하였다.

    수천 년 동안 누구 한 사람 감히 그런 생각을 하여 본 일이 없는 문제를 제시받은 제자들은 아연실색하지 않을 수 없었다.

    그러나 소태산 대종사의 위대하심이 능히 바다를 막고도 남음이 있으리라는 사실을 믿는 **제자들은 모두가 한 마음 한 뜻이 되어 간척사업(干拓事業)에 적극 참여하기로 결의**하였다.

이때가 소태산 대종사 대각을 이룬 후 3년이 되는 해 (음) 4월 이었다.

소태산 대종사는 이 간척사업을 위하여 손수 배를 타고 바다에 나아가 측량의 위치를 잡아 소나무를 꽂게하고 그 소나무와 새끼 줄을 연결토록 하여 바다를 막기 시작하였다.

간척공사는 순조롭지만은 않았다. 주변의 많은 사람들은 날이 면 날마다 모여 앉아 조소와 비방을 일삼았던 것이다.

어느 날 모 신흥종교의 신도 한 사람이 소태산 대종사를 찾아와 "어리석은 일을 하지 마시고 우리 교회에 그 돈을 희사하라"는 충 고를 한 일이 있었다.

또, 어떤 사람들은 "만약 박중빈(소태산 대종사)이가 바다를 막는다면 내가 손가락에 불을 붙이고 하늘로 올라가겠네"라고 까지 했다.

그러나 어떤 사람은 "여보게, 그렇게 얘기만 하지 말게. 저들이 저축조합을 하고 숯 장사를 하는 모습을 볼 때 그 가능성이 없지 도 않네"라고 믿어 주는 사람도 있었다.

또, 어떤 사람들은 "저들이 저축조합을 하여 모은 돈을 바다에 몰아넣고 말 것이야. 그러면 저들은 쪽박을 차고 빌어 먹으러 사 방으로 흩어질 게 아닌가? 내 그때를 대비하여 옥녀봉에 박을 심고 촛대봉에 대나무를 심어 빌어먹으러 나설 때 하나씩 나누어 줄 걸세"하기도 했다.

간척사업은 여러 사람의 비방과 조소 속에서도 잘 진척되어 공사를 시작한 1년 만인 원기 4년 (음) 3월에 2만 6천여 평의 농토가 만들어졌다. 이 논을 후에 정관평(貞觀坪)이라 이름 하였다.

간척사업을 진행하며 원기 3년 (음) 10월 옥녀봉 아래에 도실(道室)건축을 착수하여 12월에 준공하였다. 이것이 곧 새 회상의 첫 교당인 구간도실(九間道室)이다. 소태산 대종사는 첫 교당을 준공한 후 이름을 '대명국영성소좌우통달만물건판양생소(大明局靈性巢左右通達萬物建判養生所, 크게 밝은 판국인 영성의 집이며 만사 만물을 좌우통달하게 판별하고 양생하는 곳)'이라 하였다.

소태산 대종사는 제자들에게 단을 조직하며 비워둔 중앙을 찾게도 하고 기다리게 하던 중 원기 3년 (음) 3월 김광선을 앞세우고 정읍 화해리 김해운의 집을 찾아 경상도에서 온 송규(宋奎)를 만나 제자로 삼고, 그해 (음) 7월에 약속대로 영산으로 온 송규를 10인 1단의 중앙(中央)으로 삼아 단 조직을 완성하였다.

새로 맞이한 중앙 송규를 중심으로 원불교 창건의 진리적 인증을 받도록 하기 위한 법인기도(法印祈禱)에 들어가게 되었다.

◆ 새겨보는 문제 ◆

㈎ 소태산 대종사와 제자들의 뜻이 하나가 되어 □□조합을 만들었다.

㈏ 저축조합은 자산 □□□여 원과 소태산 대종사 희사한 □□□여 원, 차용한 400원을 합하여 □□을 구입하였다.

㈐ 영산 앞 바다의 간척사업으로 □만 □천여 평의 농토가 만들어졌다. 이 논을 후에 □□평이라 이름 하였다.

㈑ 옥녀봉 아래에 □□도실 건축을 준공 후 이름을 '대명국□□□좌우통달만물건판□□소'라 하였다.

㈒ 소태산 대종사는 정읍 화해리를 찾아 □□도에서 온 송□를 만나 □□으로 삼아 단 조직을 완성하였다.

⑤ 진리의 뜻에 맡기다

1919년 방언공사(防堰工事)가 마쳐질 즈음에 전국적으로 독립을 외치는 기미년 만세소리가 천지를 진동하였다.

제자들은 소태산 대종사께 "우리는 이때를 당하여 어떤 일을 하여야 하겠습니까?"하고 물음을 올리자 소태산 대종사는 "저 만세 소리는 새 세계를 여는 개벽(開闢)의 상두소리이니 만 생령을 제도하기로 뜻을 세운 우리는 기도를 하여 전 세계의 생령을 구원하도록 하자"고 제자들로 하여금 심신을 재계(齋戒)하고 목숨을 다하는 정성으로 기도에 들어가게 하니 원기 3년 (음) 3월 26일이었다.

9인 제자는 집회장소인 '구간도실(九間道室)'에 모여 마음을 모으고 소태산 대종사가 지정하여 준 산봉우리에 올라 같은 시간에 기도를 올렸다.

기도의 장소는 중앙봉을 중심으로 여덟 봉우리가 구간도실로부터 몇 백 미터에서 3km까지 떨어져 있었고, 매월 3회 (음) 6일, 16일, 26일에 기도하였다.

기도를 시작한 지 12회 기도를 마치고 소태산 대종사는 제자들을 향하여 "그대들이 지금까지 기도해 온 정성은 심히 장한 바 있으나 아직 천의(天意)를 움직이는 데는 거리가 먼듯하니 그대들의 몸이 죽어 없어지더라도 창생을 위하여 그리 하겠는가"하고 물은 후 "더욱 정성을 다하여 기도하고 7월 26일(양 8.21)에는 모두 자결하도록 하라"고 하였고 제자들은 이 말씀에 한 사람도 의혹을 갖지 않고 큰 보람으로 여기고 7월 26일이 되자 구간도실에 모였다.

소태산 대종사의 앞에 마련된 상에는 청수와 흰 종이와 각자의 예리한 칼(단도)이 놓였다.

소태산 대종사는 9인 제자에게 "창생(蒼生)을 위하여 죽으러 가는 길, 미련이 있으면 말하라"고 하였다.

누구도 창생을 위하여 죽는 일에 미련을 갖는 사람은 없었다. 다만 중앙인 송규가 "저희들은 창생을 위하여 기쁘게 죽겠습니다. 그러나 남은 스승님께서 저희들의 일로 인하여 혹시 관헌과 사회로부터 괴로운 일을 당하지 않으실까 두렵습니다"라고 대답했다.

이에 소태산 대종사는 "떠나는 마당에서까지 나를 염려하여 주니 그대들의 마음이 고맙기 그지없다. 허나 아무런 걱정을 안 해도 될 것이다"라고 대답했다.

스승과 제자들 간의 깊은 일문일답(一問一答)이 끝이 나고 침묵의 시간이 흘렀다. 소태산 대종사는 제자들에게 백지 위에 '사무여한(死無餘限)' 곧 죽어도 여한이 없다는 글을 쓰게 한 후 그 밑에 손으로 각자의 지장(指章)을 찍게 하고 사심 없는 심고(心告)를 올리게 하였다.

심고가 끝나자 큰 기적이 일어났다. 백지에 찍은 지장이 선명하게 핏빛으로 변하는 백지혈인(白指血印)이 된 것이다.

소태산 대종사는 기쁨을 감추지 않고 "이것은 진리가 여러분의 지극한 정성에 감응하여 나타내준 기적이며 이것으로 창생구원의 길은 열렸다. 진리의 인증(認證)을 받은 것이다"하며 제자들에게 기도했던 장소에 가서 자결하도록 명령하자, 제자들은 모두가 기쁨에 기쁨을 더하여 자리에서 일어나 기도장소로 향했다.

떠나는 제자들을 배웅하던 소태산 대종사는 큰 소리로 제자들을 불러 세웠다.

"내 그대들에게 할 말이 있으니 그대들은 다시 구간도실에 모이라!"

제자들이 한 자리에 모이자 소태산 대종사는 "그대들의 마음은 천지신명(天地神明)이 이미 감응하였고, 음부공사(陰府公事)가 이제 판결이 났다. 오늘 그대들의 생명을 기어이 희생하지 않아도 우리의 성공은 이로부터 비롯하였다"라고 한 뒤 "그대들은 몸은 이미 세계에 바친 몸이니 앞으로 어떤 일을 당하여도 오늘 모두가 죽은 셈치고 희생 봉사하도록 해라"고 명한 후 모두가 중앙봉(中央峰) 기도터에 가서 함께 기도하고 오도록 하였다.

제자들이 기도를 마치고 돌아오자 소태산 대종사는 제자들에게 각각 법호와 법명을 내리고 "이제 세계 공명(公名)인 새 이름을 주어 다시 살리는 바이니 많은 창생을 제도하라."한 뒤 그날의 기도는 계속 올리다가 그해 (음) 10월 26일에 변산 쌍선봉에서 해제하였다.

  소태산 대종사를 모시고 뜻을 받들어 기도올린 9인 제자의 방위와 법명과 법호는 다음과 같다.

방위	법호	법명	속명
건방(乾方)	일산(一山)	이재철(李載喆)	재풍
감방(坎方)	이산(二山)	이순순(李旬旬)	인명
간방(艮方)	삼산(三山)	김기천(金幾千)	성구
진방(震方)	사산(四山)	오창건(吳昌建)	재겸
손방(巽方)	오산(五山)	박세철(朴世喆)	경문
이방(離方)	육산(六山)	박동국(朴東局)	한석
곤방(坤方)	칠산(七山)	유 건(劉 巾)	성국
태방(兌方)	팔산(八山)	김광선(金光旋)	성섭
중앙(中央)	정산(鼎山)	송 규(宋 奎)	도군

◆ 새겨보는 문제 ◆

㈎ 법인기도는 원기 □년 (음) 3월 26일부터 □□봉을 중심으로 여덟 봉우리에서 진행하였다.

㈏ 법인기도는 매월 □회 (음) □일, 16일, 26일에 기도를 올렸다.

㈐ 소태산 대종사는 제자들에게 '사무□□'이라는 글을 쓰게 한 후 각자의 지장을 찍게 하고 □□를 올리게 하였다.

㈑ 법인성사를 나툰 후 □인 제자들에게 세계 공명의 새 이름인 □명과 □호를 주었다.

5) 만대의 교법

7월 26일(양 8.21) 진리의 이적이 나타난 후 소태산 대종사는 제자 정산 송규(鼎山 宋奎)를 변산(邊山) 월명암(月明庵) 학명선사(鶴鳴禪師)에게 보내고 김제 모악산 금산사에서 잠시 머문 후 월명암을 찾았다.

변산에 들어간 소태산 대종사는 월명암에서 2개월여를 머문 후 월명암에서 3km여 떨어진 실상사(實相寺) 옆 실상초당으로 내려와 제자들과 생활하며 원기 5년 (음) 4월에 새 회상 교법의 강령인 인생의 요도 사은사요와 공부의 요도 삼학팔조를 제정 발표하였다. 또한 새 회상의 첫 교서인 《수양연구요론》과 《조선불교혁신론》을 초안한 후 김남천·송적벽 등 제자들과 함께 실상초당 위에 초가 3칸을 짓고 '석두암(石頭庵)'이라 하였다.

석두암으로 자리를 옮긴 소태산 대종사는 정산 송규를 월명암에서 돌아오게 하였고 교법을 제정하며 제자들을 지도하였다.

이때 봉래정사(실상초당과 석두암을 합해서 이름 함)로 김제·전주 등지에서 소태산 대종사를 찾아오는 사람들이 많았다. 그 인연 가운데 김제에 사는 서중안(徐中安)의 하산(下山) 권유에 하산을 허락하고 정식 회상을 열 준비를 하여 현 익산총부로 자리를 옮겨 정식으로 새 회상의 문을 열게 되었다. 이때가 원기 9년(1924) 이었다.

◆ 새겨보는 문제 ◆

㈎ 원기 □년 (음) 4월에 새 회상 교법의 강령인 인생의 요도 □□ 사요와 공부의 요도 삼학□□를 제정 발표하였다.

㈏ 변산에서 새 회상의 첫 교서인 《수양□□요론》과 《조선□□혁신론》을 초안하였다.

㈐ 실상초당 위에 제자들과 함께 초가 3칸을 짓고 □□암이라 이름하였다.

㈑ 소태산 대종사는 □□□을 만나 하산 준비를 하여 현 □□총부로 자리를 옮겨 정식으로 새 회상의 문을 열었다.

6) 전법(傳法)

① 익산에 총부건설

원기 9년 4월 29일(양 6.1) 이리 보광사(普光寺)에서 새 회상의 창립총회를 갖게 되었다. 이 창립총회에서 '불법연구회(佛法研究會)'라는 임시 교명을 내외에 선포하였다.

창립총회에서 소태산 대종사를 불법연구회 총재로, 서중안을 회장으로, 김광선을 서기로 선출하였다. 창립총회를 끝낸 후 소태산 대종사는 진안 만덕산 김씨 소유의 산제당(山祭堂, 만덕암)

에 들어가 12제자와 함께 1개월 초선회(初禪會)를 갖고 내려와 이리부근 각처를 답사하여 그해 (음) 8월에 익산군 북일면 신룡리(현 중앙총부 위치)를 총부건설의 기지로 확정하였다.

(음) 9월부터 총부건설을 위한 건축을 10여 명의 전무출신과 후원자의 노력으로 시작하여 그해 겨울 초가 2동 17칸을 지었다. 이것이 곧 익산총부의 첫 건설이며 불법연구회 간판을 세상에 드러내는 처음이었다.

총부건설 당년의 회세는 영산·신흥·김제·전주·부안·서울·진안 각지의 회원이 남자 60여 명, 여자 70여 명으로 도합 130여 명이었고, 전무출신은 13명이었다.

총부를 건설하였으나 전무출신들의 공동생활은 많은 어려움의 연속이었다. 의·식·주를 해결하기가 어려웠다. 그리하여 엿 장사·소작농사로 시작하여 고무공장·제사공장의 직공생활과 산업부 경영 등의 험난한 길을 걷게 되었다. 어려운 생활 속에도 교단은 조직적이고 체계적으로 운영되었다.

② 교서와 간행물 간행

새 회상의 창립과정에 있어서 특징 중 하나인 교서가 소태산 대종사의 당대에 발행되어 교리체계가 거의 형성

되었다는 점이다. 원기 12년 《수양연구요론》, 원기 17년 《보경육대요론》을 비롯하여 소태산 대종사의 열반 해인 원기 28년 《불교정전》에 이르기까지 각종 교서를 발행하여 창립 초기부터 체계적이고 조직적인 교육과 교화활동이 이루어졌다.

그런가하면 원기 13년 정기간행물인 〈월말통신〉을 발행하여 교단의 소식과 소태산 대종사의 법문을 제자들이 수필(受筆)하여 실음으로써 각지의 회원들이 교단의 소식과 소태산 대종사의 법문을 접할 수 있도록 하였다. 정기간행물은 〈월보〉, 〈회보〉로 이름을 바꾸어 발행하면서 일경에 압수·폐간을 당하기도 하고 경제적인 사정으로 자진 휴간하기도 하였으나 초기 교단의 현황과 소태산 대종사의 법문과 동정, 선진들의 동정이 수록되어 있어 〈대종경〉 편찬과 초기 교단사의 중요한 자료가 되었다.

◆ 새겨보는 문제 ◆

㈎ 원기 9년 (음) 4월 29일 이리 □□사에서 창립총회를 갖고 '불법□□회'라는 임시 교명을 선포하였다.

㈏ 총부건설 당년의 각지의 회원이 남자 □□여 명, 여자 □□여 명으로 도합 130여 명이었고, 전무출신은 □□명이었다.

㈐ 새 회상의 특징 중 하나가 소태산 대종사의 당대에 교서가 발행되었다는 점이다. 원기 □□년에는 《불교□□》를 발행하였다.

③ 일원상을 정식 봉안

소태산 대종사는 원기 20년 봄에 '총부 대각전'을 신축하여 그 정면 불단에 법신불 일원상을 봉안(奉安)하고, 신앙의 대상과 수행의 표본을 확정하였다. 그 후로부터 각지의 법당과 가정에 법신불 일원상을 봉안하게 되었다.

소태산 대종사는 깨달음을 통하여 우주와 인생의 궁극적 진리를 '일원상'으로 표현하였으나, 신앙의 대상과 수행의 표본으로 확정하기까지는 20여 년의 세월에 걸친 변천과 인식의 과정이 있었다.

과거 많은 사람들이 일원상을 진리의 상징으로 표현하였지만 소태산 대종사는 여기에서 한 걸음 더 나아가 깨달음의 경지를 근거로 신앙의 대상과 수행의 표본으로 확정하게 된 것이다.

교단이 소태산 대종사의 지도 아래 어려운 여건 속에서도 발전해 나가자 일제의 감시는 더욱 심해지기 시작되었다.

④ 일제의 감시

이리경찰서에서는 교단을 해체 시킬 목적으로 총부 구내에 있는 청하원에 '북일주재소'를 원기 21년 설치하고 경찰을 상주시켰다. 그들은 소태산 대종사와 제자들을 감시하며 몰래 숨어들어 소태산 대종사와 여자들의 숙소까지 밤낮을 가리지 않고 수색하였고, 때로는 조선총독부에서 직접 내려와 소태산 대종사를 취조하기도 하였다. 모든 집회는 경찰서의 허가를 얻도록 하고 법회도 경찰 임석(臨席) 하에 보도록 하는 등 일제의 학정은 교단의 명맥을 바람 앞에 등불처럼 만들었다.

그러나 소태산 대종사의 탁월한 지도력과 미래를 내다보는 안목으로 교단은 감시 아래서도 나날이 그 교화가 확장되어 이미 영광·서울·부산·개성·전북 등지에 상당한 자리를 굳혔다.

일제는 감시의 눈을 떼지 않아도 교단의 발전이 지속되자 혈안이 되었고 제2차세계대전이 종국에 이를 무렵에는 조선총독부가 당시 교단과 소태산 대종사의 제거를 결정짓고 그 작업에 착수하기 시작하였다.

소태산 대종사는 자신이 세상을 뜨지 않으면 교단의 장래가 보장될 수 없을 것임을 혜안(慧眼)으로 내다보았다.

◆ 새겨보는 문제 ◆

(가) 익산총부 □□전을 신축하여 법신불 □□상을 봉안하고, 신앙의 대상과 □□의 표본을 확정하였다.
(나) 이리경찰서에서는 청하원에 '북일□□소'를 설치하고 소태산 대종사와 제자들을 감시하기 위하여 □□을 상주시켰다.

7) 열반

① 일원상 게송

소태산 대종사는 열반(涅槃)에 들기 수년 전부터 틈이 있는 대로 제자들에게 "나는 머지않아 수양의 길을 떠난다"라는 말씀을 많이 하였다. 그러나 제자 누구도 이 말씀을 소태산 대종사의 열반과 관계시켜 생각하는 사람은 없었다.

모든 제자들은 '소태산 대종사는 곧 진리요 생사를 떠난 위대한 성자이시며 영원한 존재'라고 믿었기 때문이었다.

원기 26년 1월 28일, 소태산 대종사는 열반에 들기 3년여 전 제자들을 모이게 하고 26년간의 대 경륜과 깨달음의 세계를 집약하여 하나로 묶어 게송(偈頌)을 내리니 그것이 바로 일원상의 게송이었으며 열반을 위한 준비였다.

"유(有)는 무(無)로 무는 유로 돌고 돌아 지극(至極)하면 유와 무가 구공(俱空)이나 구공 역시 구족(具足)이라."

소태산 대종사는 이 게송을 내린 후 부연설명을 하였다.

"유는 변하는 자리요 무는 불변하는 자리이나 유라고도 할 수 없고 무라고도 할 수 없는 자리가 이 자리이다. 돌고 돈다 지극하다 하였으나 이도 또한 가르치기 위하여 강연히 표현한 말에 불과한 것이다. 구공이다 구족하다를 논할 여지가 어디 있을 것인가. 이 자리가 곧 성품의 진체(眞體)이니 사량으로써 이 자리를 알아내려고 하지 말고 관조(觀照)로써 깨쳐 얻으라. 유와 무가 돌고 돌아 구공이 되고 구족이 되는 이치를 깨치면 천하가 다 내 것이요 세상에 걸릴 것이 하나도 없다. 세상을 살아가는데 임운등등 등등임운(任運騰騰 騰騰任運: 심신작용이 아무런 거리낌 없는 것)한다. 성현이 게송 법문을 내릴 때에는 중음신(中陰神)들이 천도 받으려 꽉 둘러선다. 이럴 때에는 문고리만 잡아도 제도를 받게 된다."

② 최후의 법설

소태산 대종사는 열반 16일을 앞두고 원기 28년 5월 16일 예회에서 공식석상 최후의 법문을 설했다.

〈대종경〉 부촉품 14장에 밝혀진 바와 같이 최후의 법문 내용은 몇 가지로 요약된다.

첫째, 참다운 실력을 갖추도록 하라. 그리하여 제생의세(濟生醫世)의 사업에 나서라.

둘째, 생사거래(生死去來)에 매(昧)하지 말고 자유를 얻도록 하라.

셋째, 공왕공래(空往空來)하지 말아라.

좀 더 간추린다면 생사를 자유 할 실력을 갖추고 생령을 위하여 희생 봉사하는 일에 온갖 힘을 다하라는 것이다.

◆ 새겨보는 문제 ◆

㈎ 소태산 대종사는 원기 26년 1월 28일, 제자들에게 □□을 내렸다. 그것이 바로 □□상의 게송이다.

㈏ 소태산 대종사의 게송은 '有는 □로 無는 □로 돌고 돌아 至極하면 有와 無가 俱空이나 구공 역시 □□이라' 이다.

㈐ 소태산 대종사는 원기 28년 □월 □□일 예회에서 공식석상 최후의 □□을 설했다.

③ 열반(涅槃)

세상 사람들은 죽음이 자칫 모든 것의 끝이라고 생각한다. 그러나 깨달은 사람은 죽음을 끝이라 생각지 않고 오히려 시작이라 한다.

5월 16일 예회에서 최후의 법문을 내린 소태산 대종사는 점심을 상추쌈으로 평소와 다름없이 맛있게 들었지만 밥상을 물린 후 곧 자리에 눕게 되었다.

제자들은 평범한 자리 누움이라고 생각을 했지만 15일 후 열반에 들 줄은 아무도 예측하지 못한 일이었다.

6월 1일 오후, 비운에 휩싸인 나라에 탄생하여 20여 년을 구도로 깨달음을 얻어 28년간 생령과 세계를 위하여 교화 전법한 **소태산 대종사는 세수 53세로 여러 제자들이 지켜보는 가운데 세상을 떠났다.**

열반에 든 지 6일째 되는 6월 6일, 소태산 대종사는 제자들에 의하여 총부 대각전에서 발인식이 이루어졌고, 유해는 총부로부터 멀지 않은 이리 화장장에서 다비(茶毘)되었다.

소태산 대종사가 열반에 들자 제자들은 모두가 하나같이 죽음을 같이하려 하였고 따라서 총부는 연일 통곡이 끊이지 않는 절망의 늪처럼 되고 말았다.

이런 제자들의 슬픔을 조금이나마 달래고, 멀리서 찾아드는 교도와 조객을 위하여 며칠만 더 발인을 미룰 수 있도록 경찰서에 허가를 요청했으나 일제는 열반한 다음에까지도 압제의 사슬을 풀지 않았다.

뿐만 아니라 발인 당일에는 많은 대중이 슬픔을 가누지 못하고 마지막 가는 길을 뒤 따라 가고자 했으나 일제는 혹시 민중의 시위가 일어나지 않을까 하여 마지막 요청까지도 묵살해 버리고 뒤따르는 조객의 수를 2백여 명으로 한정 시켰다. 오열에 찬 대중을 더욱 큰 오열 속으로 빠지게 하였다.

소태산 대종사의 열반이 이 민족의 슬픔이요, 우리 중생의 슬픔이라는 사실을 아랑곳없이 일본 경찰들은 기쁨을 감추지 못했다.

그들은 '한국의 간디가 떠났다. 이제 불법연구회는 자연적으로 망하게 된다'고 즐거워하였다.

소태산 대종사의 열반은 많은 이적(異蹟)을 남겼다.

그 무더운 여름날 6일 장례를 하였지만 열반에 든 모습은 6월 1일의 그 모습과 조금도 다름이 없었고 오히려 법체(法體)에서는 향기로운 향 내음이 끊이지 않았다.

일본 경찰들은 부활되는 것은 아닌가 하는 염려에 평소보다 더욱 신경을 곤두 세웠고 한시도 자리를 비우지 않았다.

발인 날에는 화장터까지 따라와 법체가 화구로 들어가는 일을 확인함은 물론 한 줌의 재로 변화된 모습을 지켜보고 매장이 될 때까지 감시의 눈을 떼지 않았다.

뿐만 아니라 열반한 소태산 대종사를 마음만이라도 가깝게 느끼고 추모하고 싶어 묘지를 찾는 제자들에게 그 발길을 돌리도록 하였고 후일에는 금족령(禁足令)을 내리기까지 하였으니 남아 있는 제자들의 슬픔은 그 무엇으로도 형용할 수 없었다.

소태산 대종사 열반에 들어 총부에 5일간 모셔져 있는 동안 총부는 방광(放光)이 끊이지 않았고 발인이 끝난 뒤 10여 일 후에는 총부가 마치 불속에 잠기어 있는 듯하여 총부에 화재가 난 것으로 착각한 제자들이 이리역(총부에서 4km 거리)에서 총부로 달려오기까지 한 일이 있었다.

　소태산 대종사 열반에 든지 2년 후 나라는 광복을 맞이했고 소태산 대종사의 뒤를 계승한 정산 송규 종법사는 원기 33년 소태산 대종사가 일제의 압제 때문에 내걸지 못했던 '원불교'의 교명을 국가의 공인을 받아 만천하에 공포하여 민족의 광복과 더불어 새로운 장을 열고 출범하게 되었다.

◆ 새겨보는 문제 ◆

(가) 소태산 대종사는 원기 28년 6월 □일 □□세로 열반하였다.

(나) 소태산 대종사의 열반에 일본 □□들은 '한국의 □□가 떠났다. 이제 불법연구회는 자연적으로 망하게 된다'고 즐거워하였다.

(다) 소태산 대종사의 뒤를 계승한 정산 □□ 종법사는 원기 33년에 '□□교'의 교명을 공포하였다.

8) 소태산 대종사 십상

① 관천기의상(觀天起疑相)

소태산 대종사는 원기 전 25년(辛卯) 3월 27일(양 5.5)에 한국 전라남도 영광군 백수면 길룡리 영촌에서 농촌 평민의 가정에 태어나신바 유시로부터 큰 생각을 품으시고 자라시다가 7세부터는 하늘 이치를 비롯해서 모든 인간사에 미치기까지 의심이 나시어 사색에 전념하시기를 4년간이나 계속하셨으니 이것이 후일 큰 도를 깨달으실 근본이 되셨다.

② 삼령기원상(蔘嶺祈願相)

11세 때 선산묘제에 참석하신 후부터는 산신을 만나서 의심을 해결하리라는 희망으로 멀고도 험한 삼밭재 마당바위를 5년간이나 다니시며 일천정성으로 기도를 계속하셨으니 이때 비록 산신은 만나지 못하였으나 이 지극한 원력이 뭉쳐져서 자연 마음 통일하는데 큰 도움이 되었다.

③ 구사고행상(求師苦行相)

16세 때 어느 소설에서 도사를 만나 성공한 이야기를 들으신 후부터는 그간의 모든 의심을 풀어주고 인생의 정로를 가르쳐 줄 참 스승을 찾기 위하여 6년 동안 갖은 고행을 다 하셨으나 때는 말세인지라 뜻을 이루지 못하였다. 그러나 이때의 간절한 정성이 어리고 어리어서 후일에 스스로 스승이 되신 것이다.

④ 강변입정상(江邊入定相)

산신과 도사를 만나서 원을 이루려는 희망마저 잃게 되시자 22세부터는 '내 이 일을 어찌 할꼬' 하는 큰 걱정만 날로 계속되면서 때로는 우연히 솟아오르는 주송도 외우시고 동상처럼 명상에 잠기기도 하시다가 24, 5세부터는 그 걱정까지도 다 잊으시고 대정(大定)에 드신 바 이가 바로 대각의 열쇠가 되신 것이다.

⑤ 장항대각상(獐項大覺相)

구원겁래(久遠劫來)에 세우신 큰 서원과 큰 적공으로 정에 들어 계시다가 26세 되시던 해(丙辰) 3월 26일(양 4.28) 새벽에 동천의 서광을 보시고 문득 마음이 밝아지시며 그동안의 모든 의심이 다 풀리고 마침내는 우주의 대도와 인생의 정로를 밝게 깨치시니 이로부터 어두웠던 불일(佛日)이 거듭 밝혀졌으며 쉬어있던 법륜(法輪)은 다시 굴려졌다.

⑥ 영산방언상(靈山防堰相)

대각을 이루신 후에는 모든 동포들의 어두운 마음을 밝혀주기 위하여 회상을 열으려 하심에 먼저 오는 세상에 맞추어서 영육쌍전과 이사병행의 표본을 보이시려고 저축조합을 설치하시는 일방 원기 3년 4월부터는 9인 제자와 함께 방언공사를 시작하시어 이듬해 3월에 준공을 보시니 이것이 대도창업의 기초가 되었다.

⑦ 혈인법인상(血印法認相)

원기 4년에는 천하 사람을 대도에 회향케 하기 위하사 먼저 9인 제자의 마음을 통일시켜서 공도정신을 살리시려고 기도 서원을 올리게 하신 바, 사(邪)없는 혈심으로써 대 회상 창립의 법계인가를 얻으셨으니 이 사무여한의 희생정신으로 전무출신의 산 표본을 삼게 하였다.

⑧ 봉래제법상(蓬萊制法相)

원기 5년부터 4년간 변산 봉래정사에서 수양을 하시는 한편 만법의 주종이 되는 일원종지를 드러내시어 공부의 요도인 삼학팔조의 원만한 수행길과 인생의 요도인 사은사요의 대 윤리를 제정하심으로써 교리의 강령을 세우고 지나간 모든 교법을 통합 활용하게 하시었다.

⑨ 신룡전법상(新龍轉法相)

원기 9년부터는 불법과 생활이 둘이 아닌 산 종교를 실현하기 위한 총부를 익산에 정하였다. 교화·교육·자선의 각 기관을 설치하시며 때와 곳을 가리지 않고 선을 하게 하여 일체처 일체불(一切處一切佛)에게 불공을 함으로써 복혜를 아울러 갖추게 하였다. 또한 종교를 대중의 것, 실용의 것, 시대의 것으로 살려 놓으셨다.

⑩ 계미열반상(癸未涅槃相)

열반에 드시기 3년 전에는 게송을 반포하시고 정전을 친제 편수하시며 말씀하시기를 '나의 교법은 원만구족하고 지공무사한 법신불을 종지로 하며 신앙과 수행을 병진하고 공부와 생활을 아울러 닦도록 하였으며, 법을 전하는데도 재가출가 남녀대중에게 두루 전하였나니 제군은 이 법을 가져다가 마음대로 활용하라' 하시더니 원기 28년 6월 1일 열반에 드셨다.

※ 소태산 대종사의 십상은 정산종사가 나누어 구분하였고, 대산종사가 설명을 붙였다.

◆ 새겨보는 문제 ◆

(가) 소태산 대종사의 십상을 보기에서 찾아 맞추시오.

㉠ 관천□□상 ㉡ 삼령□□상 ㉢ 구사□□상 ㉣ 강변□□상

㉤ 장항□□상 ㉥ 영산□□상 ㉦ 혈인□□상 ㉧ 봉래□□상

㉨ 신룡□□상 ㉩ 계미□□상

보기) ① 고행 ② 대각 ③ 기의 ④ 기원 ⑤ 방언 ⑥ 제법 ⑦ 전법
　　　⑧ 법인 ⑨ 열반 ⑩ 입정

(나) 소태산 대종사 십상 중 지역과 관련된 상을 문제 (가)를 완성한 후 쓰시오.

(ㄱ) 영산성지 :

(ㄴ) 변산성지 :

(ㄷ) 익산성지 :

 정산 송규 종사의 생애

1) 탄생

정산 송규 종사는 **경상북도 성주군 초전면 소성리**에서 1900년 8월 28일(음 8.4) 구산 송벽조(久山 宋碧照) 대희사와 준타원 이운외(準陀圓 李雲外) 대희사의 2남 1녀 중 장자로 탄생하였다.

초전면 소성리는 달뫼(月山, 일명 달마산) 연봉이 병풍처럼 둘러있고 그 한가운데 허봉(許峯)이 솟아있다. 마을 앞으로 맑은 물이 사시사철 흐르는 평화로운 산골마을이다.

정산종사는 야성(冶城) 송(宋)씨로 이름은 도군(道君), 족보명은 홍욱(鴻昱)이다. 뒤에 스승인 **소태산 대종사를 만나 법명을 규(奎), 법호를 정산(鼎山)**으로 받았다.

정산종사는 어려서 부터 타고난 성품이 총명하고, 국량이 넓으며, 기상이 화청(和淸)하므로 모든 사람이 선동(仙童)이라 일컬었다. 또한 작은 일이라도 그냥 넘기지 않고 깊이 생각했다.

유학자 집안에서 탄생한 정산종사는 마을 훈장을 하던 할아버지(송훈동)로 부터 7세경부터 한문을 배우기 시작하였다.

9세경에 《통감(通鑑)》을 배우다 문득 스스로 생각하였다.

"대장부로 이 세상에 태어나서 한 나라를 바로 세우는 큰 인물이 되지 못한다면 어찌 후세에 장부라 이름 할 것인가! 혼란한 이 나라를 바로 잡을 수 있는 힘을 기르고 경륜을 쌓아야겠다."

11세 무렵 《사서(四書)》를 공부하다가 다시 생각이 더욱 커졌다.

"대장부가 어찌 한 나라를 바로 세우는데 만족할 수 있으랴.
천하창생을 널리 구제하고 세상을 평화롭게 건설하리라."

　정산종사는 한 나라를 건져야겠다는 생각에서 세계를 건지고 창생을 제도해야겠다는 큰 서원을 세우게 된 것이다.
　이때부터 정산종사는 마음속에 큰 스승 만나기를 염원하였다.

◆ 새겨보는 문제 ◆

(가) 정산종사는 경상북도 □□에서 1900년 8월 28일 송벽조와 이운외의 2남 1녀 중 □□로 탄생하였다.

(나) 정산종사의 이름은 도군, 법명은 □(奎), 법호는 □□이다.

(다) 정산종사는 9세경에 《□□》을 배우고, 11세 무렵에는 《□□》를 공부하였다.

2) 구도

① 숨은 도인은 어디에

정산종사 유년시절 이야기다.

어느 가을 날 목화(木花)를 따기 위하여 어머니 이운외가 앞서고 정산종사가 뒤따라 가고 있었다. 한참 앞서가던 어머니가 아들의 기척이 없어 뒤돌아보니 저만치서 아들이 남루한 옷차림의 노인과 무슨 이야기를 나누고 있는 것 같았다.

얼마를 기다려서야 아들이 가까이 왔다. 어머니는 궁금해서 물었다.

"그 노인과 무슨 이야기를 나누었기에 이제야 오느냐? 네가 아는 분이냐?"

"처음 뵙는 노인이었습니다. 비록 남루한 옷차림이었으나 범상한 분이 아닌 것 같았습니다. 저런 분 중에 이인군자(異人君子)가 있다고 들었습니다. 그래서 혹시나 숨은 도인이 아닌가 싶어 궁금한 것 몇 가지를 물어보았으나 별 사람이 아니기에 그냥 돌아왔습니다."

정산종사 8세 때 동생 주산 송도성(主山 宋道性) 종사가 태어났다.

주산종사도 어린 시절부터 형인 정산종사와 같이 한문을 배우기 시작하였다. 두 형제의 뛰어난 재질을 보고 마을 사람들은 정산종사를 선동(仙童), 주산종사를 신동(神童)이라 부르며 부러워하였다. 주산종사는 원불교에 출가하여 초기교단 건설에 헌신하였고 훗날 대각여래위에 추존되었다.

정산종사는 탄생한 구성에서 소야로 이사하여 13세 되던 해 봄에 부모님 뜻에 따라 네 살 위인 여청운(呂淸雲, 중타원)과 결혼했다. 여청운은 소성리에서 40여리 떨어진 금수면 광산리 성주 여씨 가문의 규수로 훗날 원불교에서 종사(宗師)의 법훈을 받았다.

② 거북바위 기도

정산종사는 결혼 뒤에도 가정생활에는 관심이 없고 구도에 대한 정열만 더욱 뜨거워갔다. 정산종사는 결혼 직후 소야에서 다시 박실마을로 이사, 집 뒷뜰에 있는 거북 모양의 바위 앞에 제물과 촛불, 정화수를 놓고 '천하창생을 제도하는 큰 사업'을 이루고자 천지신명께 간절히 기도하였다.

정산종사가 거북바위에서 기도하던 일을 정산종사의 어머니인 준타원 이운외가 후진들에게 회고했다.

"옆 골짜기에 흐르는 물에 웅덩이를 파 맑힌 후 정갈한 그릇에

떠 거북바위 앞에 진설하고 기도하는 정산종사의 모습은 경건하였고, 범상함을 넘어서 천상에서 내려온 동자가 수도하는 모습 같았다."

정산종사는 밤에 기도를 올리고 낮에는 옛 글을 읽으며 간혹 자신의 의사와 포부를 글로 짓기도 하였다. 이 무렵 '대장부가 이 세상에 출세하여 마땅히 공중사에 헌신 봉공하여 그 은혜가 천하 만민에게 골고루 미쳐가게 하는 것이 마땅하다'는 내용의 〈장부회국론丈夫恢局論〉을 지어 주위 사람들을 놀라게 하기도 하였다.

정산종사는 거북바위에서 상당 기간 기도를 계속한 후 집안에서 기도를 올리기 시작했다.

방안에 천문도(天文圖)와 지도서(地圖書)를 그려놓고 하늘 기운과 땅 기운이 응하기를 비는가 하면 성현군자와 영웅달사들의 명패(名牌)를 모시고 축원기도를 하였다.

정산종사의 할아버지 송훈동은 정산종사의 그릇이 큰 것을 알고 당시 영남지방의 이름 있는 유학자인 공산 송준필에게 1년에 한 철씩 공부하게 하였다.

송준필은 고산리 백세각(百世閣)에서 고양서당(高陽書堂)을 세워 후학을 가르치고 있었다. 송준필은 학문하는 사람은 지식보다 겸허한 덕과 실천에 앞서야 한다고 항상 제자들에게 가르쳤다.

정산종사는 유가의 경서를 공부하였으나 글공부보다는 창생을 제도하고 세상을 평화롭게 건설하리라는 생각에 골몰하였다.

정산종사는 14,5세 무렵 처가에 갔다가 시 한 수를 지었다.

'해붕천리고상우(海鵬千里翶翔羽) 농학십년칩울신(籠鶴十年蟄鬱身)

바다붕조 천리 날 깃을 가지고도 조롱 속 학으로 십년 세월을 보냈구나.'

이 시구를 본 장인 여병규는 속으로 크게 놀라며 "자네는 아무래도 천하를 무대로 큰일을 할 사람이지 한 가정에 안주할 인물은 아닌 것 같네"라고 말하였다.

정산종사는 거북바위와 집에서 정성스런 기도를 올렸으나 답답한 마음은 풀리지 않았다.

할아버지는 그런 정산종사에게 유서(儒書) 읽기를 권장하였으나 정산종사는 유서만 읽어서는 천하 사업을 하기 어렵고 훌륭한 이인군자를 만나 도덕을 배워야만 원하는 뜻을 이룰 것이라 생각했다.

정산종사는 이때부터 큰 도덕을 가진 이인군자를 찾아 이름난 산과 신령스러운 곳을 방황하였다.

◆ 새겨보는 문제 ◆

㈎ 마을 사람들은 정산종사를 □□, 주산종사를 □□이라 불렀다.

㈏ 박실마을 집 뒷뜰에 있는 □□ 모양의 바위 앞에 제물과 촛불, 정화수를 놓고 □□신명께 기도하였다.

㈐ 정산종사는 14,5세 무렵 처가에 갔다가 '해봉□□고상우 농학□□침울신'이라는 시를 지었다.

2) 스승 찾아 전라도로

이 무렵 여 처사(呂處士)란 분이 가야산에서 십 수 년 간 수도한 도인이란 말을 듣고, 정산종사는 '이 사람을 만나면 내가 알고 싶은 것을 다 알 수 있겠다'는 생각이 들었다.

정산종사는 여 처사를 만나기 위하여 소성리 집에서 1백여 리 떨어진 가야산을 찾아갔다. 그러나 넓고 깊은 산 속 어디에 여 처사의 수도처가 있는지 알 길이 없어 여러 날 산 속을 헤매다니다 집으로 돌아왔다.

정산종사는 그렇게 세 번이나 가야산을 찾았으나 여 처사는 만나지 못하고 가야산 속에서 도(道)닦는 도꾼들을 만났다.

그들에게 여 처사의 행방을 물으니 그들은 큰 스승을 만나 큰 공부를 이루기 위해서는 전라도로 가야 한다고 말했다.

그리고 이왕 왔으니 같이 기도하자는 그들의 말에 정산종사는 그 곳에서 몇 일간 기도 수행하였다.

정산종사 어느 날 밤에 주문을 외우고 기도를 하는데 정신이 맑아지며 '지금까지 내가 공부길을 잘못 잡았다'는 생각이 떠올랐다. 그리고 전라도로 가서 큰 스승 만나 대도정법을 공부해야 천하창생을 제도할 큰 인물이 될 수 있을 것임을 알게 되었다. 정산종사는 집으로 돌아와 할아버지와 부모님 앞에 그동안의 생각과 행적을 말씀드리고 전라도로 가겠다는 뜻을 단호하게 밝혔다.

"전라도에 가서 참 스승을 만나야만 정법을 배워 큰일을 할 것 같습니다. 만약 소원을 이루지 못하면 다시는 돌아오지 않겠습니다."

그때가 정산종사 18세 무렵이었다.

이에 아버지 송벽조가 자식의 성공을 바라며 땅을 팔아 공부비용을 마련하여 주어 전라도로 향했다. 전라도로 건너간 정산종사는 정읍·김제·장성 등 사찰과 신흥종교를 찾아 많은 사람을 만나보지만 참 스승을 찾을 수가 없었다.

가슴이 답답하고 초조해하던 정산종사는 진묵대사가 수행하던 곳이며 강증산이 천지대도를 깨친 모악산 대원사(大院寺)로 들어갔다. 정산종사는 대원사에서 기도와 주문을 외우며 수행 적공하였다.

후에 정산종사는 제자들에게 대원사에서 수행 적공하던 때의 일을 말했다.

"육도사생에 대한 말을 듣지도 보지도 못했는데 대원사에 있을 때 우연히 육도사생의 변화하는 이치가 나타나더라."

정산종사 대원사에 머무르고 있을 때 강증산 신도들 사이에 '경상도에서 온 생불님이 대원사에 계신다' 는 소문이 퍼져 나갔다. 전라북도 정읍 화해리에 사는 김해운도 이 소문을 듣고 대원사에 찾아가 정산종사를 만났다. 김해운은 크게 기쁜 마음에 '과연 생불님이로구나, 이 세상에 저런 도인을 또 어디서 뵐 수 있을까?' 생각되어 대원사를 자주 찾게 되었고, 마침내 화해리 자신의 집으로 청하여 받들게 되었다.

후에 한 제자가 정산종사께 여쭈었다.
"법사님께서 정읍으로 오실 때의 춘추는 어떻게 되셨나이까?"

"18세였다."

"홀로 오셨나이까?"

"처음에는 홀로 왔었느니라."

"오시게 된 기연은 무엇이었나이까?"

"전라도에 도가 많다기에 그것을 구하려 왔었느니라."

김해운은 정산종사가 세상 모든 일을 안다고 하여 '만국양반'이라고 부르며 존경하였다. 화해리 김해운의 집으로 온 정산종사는 기도·주문 등으로 수행 정진하였다. 이 무렵에 정산종사는 가끔 이적을 나투어 주위를 놀라게 하였다.

◆ 새겨보는 문제 ◆

(가) 정산종사는 여 □□를 만나기 위하여 1백여 리 떨어진 □□산을 찾아갔으나 만나지 못하고 집으로 돌아왔다.

(나) 정산종사 □□세 무렵 스승을 찾아 전라도에 왔다가 모악산 □□사에서 수행 적공하였다.

(다) 김□□은 정산종사가 세상 모든 일을 안다고 하여 '만국□□'이라고 부르며 존경하였다.

3) 스승님을 만나다

① 스승님께서 찾아주신 은혜

소태산 대종사는 1916년 4월 28일, 큰 깨달음(大覺)을 얻고 많은 사람을 통치교화(統治敎化)할 10인 1단의 교화단을 조직하며 8방위 제자는 모두 정하였으나 중앙 자리는 비워놓았다.

소태산 대종사는 제자들에게 말하였다.

"이 자리는 후일 **멀리서 올 사람이 있으니** 그때까지 기다려 보자"

소태산 대종사 밤하늘의 기운을 살피는가 하면, 제자들에게 중앙을 찾게도 하고 기다리게 하던 중 원기 3년 (음) 3월 팔산 김광선을 앞세우고 정읍 화해리 정산종사가 머무는 김해운의 집으로 초행길 임에도 길 안내 없이 들어섰다. 소태산 대종사와 정산종사의 **역사적인 만남은 이렇게 소태산 대종사가 정산종사를 찾음**으로써 이루어졌다.

정산종사는 훗날 이런 스승님의 은혜에 대해서 다음과 같이 말했다.

"모든 사람이 스승님의 은혜를 느낄 것이나 나는 특히 친히 찾아 이끌어 주신 한 가지 은혜를 더 입었노라."

소태산 대종사와 정산종사는 형제의(兄弟義)를 맺고 영산으로 같이 가려했으나 김해운의 간곡한 만류로 그해 여름에 다시 만나기로 약속하고 소태산 대종사는 영산으로 떠났다.

정산종사는 그 후 약속대로 영산에서 소태산 대종사와 재회하여 화해에서 맺었던 형제의를 사제의(師弟義)로 고쳐 맺었다.

정산종사가 영산에 오자 소태산 대종사는 여러 제자들에게 말했다.

"우리 회상의 법모(法母)이며, 전무후무한 제법주(制法主)이다. 이제 우리가 그토록 기다려 만나려던 사람이 왔으니 우리 회상 창립의 일이 반이나 이루어진 것과 마찬가지다."

소태산 대종사는 정산종사를 맞이하여 그동안 비워두었던 교화단 중앙 자리를 내정함으로써 단 조직이 완성되었다.

◆ 새겨보는 문제 ◆

㈎ 소태산 대종사는 정읍 화해리 김해운의 집을 찾아 원기 □년(음) 3월에 □□종사를 만났다.

㈏ 소태산 대종사와 정산종사는 영산에서 재회하여 '□□의'를 '□□□'로 고쳐 맺었다.

㈐ 정산종사가 영산에 오자 소태산 대종사는 여러 제자들에게 "우리 회상의 □□이며, 전무후무한 □□□라" 하였다.

② 소태산 대종사의 수제자로

정산종사는 후일 제자들에게 말했다.

"내가 일찍 경상도에서 구도할 때에 간혹 눈을 감으면 원만하신 용모의 큰 스승님과 고요한 해변 풍경이 눈앞에 떠오르더니, 대종사님을 영산에서 만나 뵈오니 그때 떠오르던 그 어른이 대종사시요 그 강산이 영산이더라."

정산종사가 영산에 왔을 때는 방언공사가 한참 진행될 때였다. 정산종사는 방언공사에 직접 참여하지 않고 조력하였다. 방언공사가 진행되던 원기 3년 겨울, 교단 최초의 교당인 '구간도실(九間道室)'이 준공되었다.

구간도실은 낮에는 방언공사의 현장 사무소로, 밤이면 제자들이 함께 모여 소태산 대종사의 법문을 받드는 장소로 사용되었다. 정산종사는 구간도실이 준공되자 낮에는 소태산 대종사의 명에 따라 옥녀봉 아래에 마련된 토굴에서 거처하였고, 밤에는 다른 제자들과 구간도실에서 생활하였다. 정산종사의 토굴생활은 정산종사가 소태산 대종사를 만나기 전, 신통묘술을 곧잘 부렸으므로 신통을 막고 대 적공을 통한 성불의 길에 오르도록 배려한 스승의 자비이었다.

원기 4년 우여곡절도 많았지만 소태산 대종사와 제자들의 땀방울로 2만 6천여 평의 바다가 육지로 변하는 방언공사는 마무리되었다. 방언공사를 마친 원기 4년, 소태산 대종사는 9인 제자들에게 (음) 3월 26일부터 인류구제의 길을 널리 펴기 위해 천지신명께 기도를 올리도록 하였다. 소태산 대종사는 9인 제자를 8방과 중앙으로 나누고 소태산 대종사 대각터 뒷 봉우리인 노루봉을 중앙봉으로 하여 8방위를 선정하였다.

이는 시방세계(十方世界)를 뜻하는 것으로 단장인 소태산 대종사는 하늘, 중앙인 정산종사가 땅이 되고 여덟 제자로 8방을 삼은 것이다. 정산종사는 아홉 봉우리의 가운데인 중앙봉(노루봉)에서 기도를 올렸다.

소태산 대종사는 (음) 7월 16일 기도를 마치고 구간도실에 모인 제자들에게 '몸이 죽어 없어지더라도 정법이 세상에 드러나 창생(蒼生)이 구원을 받는다면 실행하겠는가' 라고 하였다.

(음) 7월 26일이 최후 희생일로 정해지자 정산종사는 고향 부모님에게 편지를 썼다.

'소자 천하에 원하던 스승님을 만나 평생의 한을 다 풀었으며, 수일 후 어디를 좀 가야하겠기로 소식을 전합니다.'

마침내 7월 26일(양 8,21) 구간도실에 모인 제자들이 창생을 위하여 '죽어도 여한이 없다'는 사무여한(死無餘恨)이라고 쓴 최후증서에 백지장(白指章)을 찍었다.

그러자 백지장을 찍은 최후증서에서 선명하게 혈인(血印)이 나타났다.

　이를 보고 소태산 대종사는 "이것은 천지신명이 감응한 것이다. 그대들의 일심에서 나타난 증거라"하고 바로 불살라 하늘에 고했다.

　이어 "그대들의 마음은 천지신명이 이미 감응하였고 음부공사(陰府公事)가 판결났으니 앞으로 비록 천신만고(千辛萬苦)와 함지사지(陷之死地)를 당할지라도 오늘의 이 마음을 변하지 말라"하며 "희생을 하지 않아도 된다." 한 후 각자에게 법명과 법호를 주었다.

　정산종사는 소태산 대종사로부터 법명을 규(奎), 법호를 정산(鼎山)으로 받아 이때부터 '정산'이라 불리어졌다.

◆ 새겨보는 문제 ◆

(가) 정산종사의 □□생활은 신통을 막고 대 적공을 통한 □□의 길에 오르도록 배려한 스승의 자비이었다.

(나) 정산종사는 법인기도 당시 소태산 대종사의 대각터 뒷 봉우리인 □□□에서 기도하였다.

(다) 소태산 대종사는 백지혈인의 기적을 보고 "이것은 □□신명이 감응한 것이다."하고 바로 불살라 □□에 고했다.

3) 깨달음의 노래

① 경상까지 외면

 법인성사를 나툰 어느 날, 소태산 대종사는 정산종사에게 부안 변산에 있는 월명암으로 떠날 것을 명했다.

 월명암은 영광 출신인 백학명(白鶴鳴) 선사가 주지로 있는 절로서 소태산 대종사는 방언공사가 마무리 될 즈음에 월명암에 10여 일 머무른 적이 있었다. 소태산 대종사는 장차 새 회상의 교리와 제도를 구상하고 휴양할 만한 장소로 부안 변산으로 택한 것이다.

 소태산 대종사는 정산종사에게 "학명스님을 모시고 살되 불경은 보지 말라"고 명했다.

 이에 정산종사는 불경은 물론 경상(經床)까지 외면했다.

 소태산 대종사는 모악산 금산사에 잠시 수양하다 그 해(원기 4년) 10월 (음) 월명암으로 갔다. 소태산 대종사는 월명암에서 2개월여 머물다 약 3km 떨어진 실상사(實相寺) 옆에 조그만 초당(草堂: 실상초당)을 구해 제자들과 생활하고 정산종사는 그대로 월명암에 남아 생활하였다.

 월명암에서 실상초당까지는 상당히 험한 길이다. 그러나 정산종사는 밤으로 실상초당에 있는 소태산 대종사를 찾아뢥고 신성으로 보필하였다.

정산종사는 월명암에 있으면서 실상초당으로 다니다가 학명 스님께 한번 들키게 되었다. 한 방에서 학명스님의 상좌와 둘이 잠을 자다가 정산종사가 봉래정사에 갔었다. 그날 밤 열한시가 넘어서 절에 귀한 스님이 찾아와 학명스님이 나오라 하는데 한 사람만 나가게 되어 정산종사가 없는 줄 알게 되었다고 한다.

실상초당에서 소태산 대종사는 새 회상 교강(教綱)인 인생의 요도 사은사요와 공부의 요도 삼학팔조를 발표하는 한편 많은 법문을 설했다. 실상초당 위에 석두암(石頭菴)이 완공되자 정산종사는 월명암에서 2년여 머물던 생활을 마치고 석두암으로 내려와 소태산 대종사를 모시고 새 회상 교서 초안을 보필하였다.

② 전주는 들리지 말라

원기 6년 말, 어느 날 정산종사는 다시 소태산 대종사의 명을 받아 새 회상 인연을 찾아 발길을 옮겼다. 소태산 대종사는 정산종사에게 "이제 차츰 새 회상을 펼 때가 되어간다. 어디든지 네 발걸음이 닿는 대로 가 보아라. 그러면 만나야 할 중요한 사람을 만나게 될 것이다. 그러나 가다가 전주는 들리지 말라"고 일렀다.

정산종사는 봉래정사를 떠나 정처 없이 발길을 옮기다 전주라는 말을 듣고 전주 쪽은 외면한 채 길을 재촉했다.

도중에 한 스님을 만나 길동무를 하게 되었다. 그 스님은 진안 만덕산 미륵사 주지였다. 정산종사는 스님과 미륵사에 도착하여 그해 겨울 한 철을 나게 되었다.

정산종사는 미륵사에서 겨울을 나는 동안 공부의 경지가 더욱 깊어졌다.

정산종사의 회고이다.

"하루는 우연히 한 가지 의심이 생기는데 그것은 숨 쉬는 것이었다. 숨을 들이쉬었다가 내쉬고 내쉬었다가 들이쉬며, 들이쉬는 것이 밑천이 되어 내쉬고 내쉰 것이 밑천이 되어 들이쉬며, 숨을 들이쉬면 아니 내 쉴 수 없고, 또 내 쉬면 아니 들이쉴 수 없으니 이것이 어째서 그럴까 의문을 걸고 연마하였더니 우주의 이치가 이 하나에 벗어나지 아니함을 알았다."

정산종사는 미륵사에서 소태산 대종사가 말한 대로 새 회상 인연을 만나게 되었다. 원기 7년 설을 쇠고 난 정월 어느 날 비단장사를 하는 화주보살이 미륵사를 찾아왔다. 그 화주보살은 객스님(정산종사)을 보고 '생불님'으로 받들고 따랐다. 그 뒤 미륵사에 생불님이 계신다는 소문이 나 불공하는 사람이 줄을 이었다. 그러던 (음) 이월 보름 경, 정산종사는 더 이상 머물러 있기가 곤란하다는 생각이 들어 인편을 통해 그동안의 경과를 소태산 대종사께 보고하였다. 얼마 지나지 않아서 봉래정사에서 소식이 왔다. 편지 받는 즉시 돌아오라는 글이었다. 정산종사는 편지를 쥔 채 그대로 봉래정사로 향하였다.

화주보살은 생불님이 매양 한 벌 옷으로 지내는 것을 안타까이 여겨 비단 솜옷을 지어 가지고 절을 찾아왔다. 화주보살이 나타나자 주지스님은 보살이 객스님을 다른 데로 모셔갔다 하고, 보살은 주지가 다른 데로 빼돌렸다며 대판 싸움이 벌어졌다.

보살은 애통해하며 묻고 물어 봉래정사까지 찾아갔다. 그런데 생불님이 산에서 나무를 한 짐 지고 내려오는 것이었다. 미륵사에서 차림 그대로였다. 보살이 새 옷을 올리며 갈아입을 것을 청하니 정산종사가 "사부님께서 입으라셔야 입는다"고 해 보살은 생불님 위에 더 큰 스승님이 계신 줄 알았다. 그리하여 보살은 정산종사 연원으로 소태산 대종사께 귀의하였다.

소태산 대종사 그를 보고 "방죽을 파면 고기가 모인다더니 과연 모여드는 구나"라고 하였다. 그가 도화(道華)라는 법명을 받고 전북회상과 서울회상의 총 연원이 된 삼타원 최도화 이다.

정산종사와 최도화의 만남은 마치 그물의 벼릿줄같이 창립인연들이 수없이 모여드는 계기가 됐고, 원기 9년 익산에서 불법연구회 창립총회 직후 소태산 대종사가 만덕산에서 새 회상 최초로 12제자와 1개월간 선(禪)을 나눈 인연이 되었다.

이때 11세 된 김대거(후일 대산종법사)가 참석하여 소태산 대종사 → 정산종사 → 대산종사로 이어지는 새 회상 3대 주법이 최초로 한자리에 만나는 역사를 이루었다.

◆ 새겨보는 문제 ◆

(가) 정산종사는 법인□□를 나툰 후 소태산 대종사의 명에 따라 부안 변산에 있는 □□□으로 갔다.

(나) 소태산 대종사는 정산종사를 월명암에 보내며 "□□스님을 모시고 살되 □□은 보지 말라"고 하였다.

(다) 정산종사는 소태산 대종사의 명을 받아 가다가 □□을 만나 진안 만덕산 □□□에서 겨울 한 철을 났다.

③ 원각가

김제에 사는 서중안이 소태산 대종사를 찾아와 제자가 된 후 새 회상을 공개하여 모든 사람들의 앞길을 열어주실 것을 간곡히 청하니 소태산 대종사는 이를 받아 들였다. 원기 9년 익산 보광사에서 창립총회를 갖고 '불교연구회(원불교의 임시교명)'를 내외에 선포한 후 그해 익산시 신룡동에 총부기지를 확정하고 총부건설을 시작하였다.

　정산종사는 총부건설 후 연구부장으로 소태산 대종사를 보필하다가 원기 13년 영산지부장에 임명되어 영산에서 지역 교화와 인재양성을 담당하였다. 또한 영산에서 자신의 깨달음을 노래한 원각가(圓覺歌)를 원기 17년에 발표하였다.

　　망망한 너른천지　길고긴 저세월에
　　과거미래 촌탁하니　변불변이 이치로다
　　변화변화 하는것은　천지순환 아닐런가
　　천지순환 하는때에　주야사시 변화로다
　　봄이변해 여름되니　만화방창 하여있고
　　여름변해 가을되니　숙살만물 하여있고
　　가을변해 겨울되니　풍운산하 하여있고
　　겨울변해 봄이되니　만물다시 화생일세
　　(중략)

　정산종사는 원기 18년 영산에서 익산총부로 와 소태산 대종사를 보필하다 원기 21년부터 다시 영산지부장 겸 교감으로 인재양성과 영산성지 장엄에 노력하였다.

소태산 대종사는 정산종사가 영산에서 인재양성에 노력하고 있을 때 영산으로 공부하러 가는 제자들에게 자주 말하였다.

"송규는 나의 분화신이다. 그러므로 그를 잘 모시고 배우면 곧 나를 모시고 나에게서 배우는 것과 같다."

정산종사는 영산에서 인재 양성에 힘쓰는 한편 오늘날 원불교 교사의 근간이 된 《불법연구회 창건사》를 저술하여 원불교 초기 역사를 정리하였다. 이는 사실과 정론이 흐려지기 전에 모든 것을 기록으로 남겨야 한다는 역사의식의 발로였다. 한편 소태산 대종사가 깨친 진리를 일원상으로 그려 보이며, 일원상을 진리의 상징으로 형상화시키자 '일원상에 대하여'라는 제목의 글을 발표, 스승님의 깨치신 진리를 구체화하였다. 그런가하면 당시 영광지역에서 가장 큰 건축물인 '영산 대각전'을 건축하여 영광지역 교도들에게 큰 자부심을 심어주었고 지역사회에 불법연구회의 위상을 드높였다.

소태산 대종사는 원기 25년부터 정산종사를 비롯 교리에 능숙한 몇몇 제자들에게 그동안 발간된 모든 초기교서들을 종합해 통일 수정하도록 하였다. 그러나 《정전》은 총독부 당국의 불허로 인쇄 할 수 없었다. 우여곡절 끝에 《불교정전》으로 이름을 바꾸고 발행인도 바꾸어 인쇄에 들어갔다. 소태산 대종사는 《불교정전》의 가제본 된 교정본을 일일이 본 후 원기 28년 6월 1일 열반했다. 《불교정전》은 소태산 대종사 생전에 서울에서 발간되어 열반 후 그해 8월에 익산총부에 도착하였다.

◆ 새겨보는 문제 ◆

(가) 정산종사는 원기 17년 자신의 깨달음을 노래한 □□□를 지어 발표하였다.

(나) 다음 □안을 보기에서 찾아 넣으시오.

망망한 너른□□ 길고긴 저세월에
과거미래 촌탁하니 변불변이 □□로다
변화□□ 하는것은 천지순환 아닐런가
천지□□ 하는때에 주야사시 변화로다

보기) ① 순환 ② 천지 ③ 변화 ④ 이치

(다) 정산종사는 □□에서 인재 양성에 힘쓰는 한편 《불법연구회 □□사》를 저술하여 초기역사를 정리하였다.

4) 종통을 잇다

① 사자좌에 올라

소태산 대종사가 열반에 들자 정산종사는 후계 종법사로 추대되어 6월 8일 종법사에 취임하였다.

종법사에 취임한 정산종사의 당면한 난관은 패전의 빛이 날로 짙어져 가는 일제의 노골적인 탄압과 수탈에 대처하는 일이었다. 일제의 탄압과 수탈은 필경에는 군부를 앞세워 불교의 황도화(皇道化)라는 계획을 세우고 강요의 정도를 더해만 갔다.

8·15광복을 한 달쯤 앞두고 부산지역에서는 미국 잠수함이 부산과 일본 하관을 연결하는 연락선을 격침한다던가, 부산을 향하여 함포사격을 한다는 등 흉흉한 소문이 일었다. 이때 총부에서는 부산지방 교무들을 총부로 오도록 해야 한다는 의견과 순직하는 일이 있다할지라도 교당을 지켜야 한다는 등 의견이 분분하였다. 이에 정산종사는 일제가 교단을 황도 불교화 하려는 음모를 지연시키려는 뜻과 부산에 직접 가서 실정을 알아보고 취사하리라는 생각으로 지방순시에 임하였다.

정산종사는 부산에 가 초량교당 법당에 '사은상생지(四恩相生地) 삼보정위소(三寶定位所)'라 써 붙이고 시국의 안정을 위해 기도하였다. 그리고 총부로 올라오는 도중 조국 광복의 소식을 듣게 되었다.

광복을 맞아 정산종사는 《건국론》을 지어 당시 정계 요인들과 교단 동지들에게 널리 호소하며 새 조국 건설을 강조하였다.

건국론의 요지는 '정신으로 근본을 삼고, 정치와 교육으로써 줄기를 삼고, 국방·건설·경제로써 가지와 잎을 삼고, 진화의 도로써 그 결과를 얻어 영원한 세상에 뿌리 깊은 국력을 잘 배양하자' 는 것이었다. 정산종사는 건국론에 근거하여 교단이 건국사업에 적극 참여하도록 지도하였다. 건국사업은 전재동포구호사업, 한글보급운동, 고아원 경영 등으로 전개되었는데 이중 전재동포구호사업이 중심이 되었다.

정산종사는 전재동포구호사업을 전개하기 전에 그 의의를 말했다.

"구제사업에는 구호사업과 제도사업의 두 가지 뜻이 있다. 전재동포에게는 우선 구호사업이 시급하나 거기에 그치지 말고 반드시 제도사업을 아울러야 할 것이니라.(중략)"

이리 역전과 서울 역전에 '귀환전재동포구호소'를 설치하여 본격적인 활동에 들어갔으며 전주·부산에서도 구호사업을 전개하였다. 한편 국민을 상대로 계몽운동을 전개하는가 하면 서울 한남동 정각사에 고아를 수용하여 '서울보화원'을 설립한 것이 교단 자선사업의 시초가 되었다. 또한 각 교당 교무들은 지역사회의 문맹퇴치운동으로 한글보급운동을 전개하였다.

　소태산 대종사는 일찍부터 교단 인재양성 전문기관 설립을 염원했다. 총부에 선원(禪院), 영산에 학원(學院)을 두었으나 아쉬움이 많아 유일학림(唯一學林)을 총부 구내에 설립하려 했으나 일제의 방해로 뜻을 이루지 못했다. 1945년 광복이 되자 정산종사는 소태산 대종사의 유지를 받들어 원기 31년(1946)에 교역자 전문양성기관으로 '유일학림'을 개원했다.

　유일학림은 처음에 중등부와 전문부로 편제 발족되었다. 전문부는 뒤에 원광대학교로 발전되었고, 중등부는 원광중·고등학교로 발전되었다. 이후 유일학림을 모체로 각종 교육기관이 발전되었다.

◆ 새겨보는 문제 ◆

㈎ 소태산 대종사가 열반에 들자 정산종사는 후계 종법사로 추대되어 원기 28년 □월 □일 취임하였다.

㈏ 정산종사는 1945년 광복을 맞아 《□□론》을 지어 새 조국 건설을 강조하였고 전재동포□□사업을 전개하였다.

㈐ 정산종사는 원기 □□년에 교역자 전문양성기관으로 □□학림을 개원했다.

② 교명 선포

정산종사는 원기 9년 불법연구회 창립총회 후 익산총부를 건설하면서 임시교명으로 사용해 오던 '불교연구회'란 이름을 '재단법인 원불교'로 등록해 원기 33년 1월 등록인가를 받고 그해 4월 '원불교(圓佛敎)'라는 정식 교명을 대내외에 선포하였다.

국운과 교운이 함께 하기에 원기 35년 한국전쟁을 맞은 민족과 교단은 일제 36년에 이어 또 한 번 수난을 겪어야했다.

북한군이 물밀듯이 내려와 이리역이 폭파되고 많은 사람들이 죽고 다치게 되자, 제자들은 정산종사께 안전한 곳으로 피난할 것을 권하였다. 그러자 정산종사는 말했다.

"총부는 내가 지킬 터이니 너희들이나 어디든 가보아라"하고 총부 직원들을 지방으로 분산 근무하게 하고, 교무들과 교도들에게는 "늘 척 없는 말을 하며, 여진 있는 행을 하며, 기한과 도탄에 빠진 동포들이 평화를 누리고 안락한 생활을 하도록 정성스럽게 기도하라"며 난세를 극복하는 법문을 내렸다.

정산종사와 몇몇 제자들은 피난하지 않고 총부를 지켰다.

북한군이 총부를 점령하고 부대 본부를 두자 정산종사는 대각전 불단 뒷방에서, 남자 제자들은 대각전에서, 여자 제자들은 정미소에서 2개월가량 등 총부에서 점령기간을 지내게 되었다.

한국전쟁이 끝난 뒤 교단의 인명 피해는 전무출신과 재가요인을 합하여 몇 명뿐이었다.

③ 스승님을 기리며

교단 제1대 성업봉찬사업은 소태산 대종사의 위엄을 기리고 추모하기 위한 행사였다. 소태산 대종사는 교단 창립의 한도를 36년으로 정하고 이를 창립 제1대라 하였다. 1대를 다시 12년씩 구분하여 제1회, 제2회, 제3회라 하였다. 제1대 제1회 12년은 주로 교단창립의 남녀 제자를 얻었고, 제2회 12년은 주로 교서편찬에 주력하였다. 제3회 12년은 교도훈련과 기관설립에 주력하였다. 그러나 소태산 대종사는 제1대 성업봉찬사업의 결산을 보지 못하고 열반하였다.

제1대 성업봉찬사업은 원기 34년 '대종사 성탑'을 봉건 함으로써 시작했으나 한국전쟁으로 인해 중단되었다. 한국전쟁이 끝나고 성업봉찬사업도 다시 전재되었다.

정산종사는 원기 38년 '대종사 성비'를 세울 때 친히 〈원각성존소태산대종사비명병서(圓覺聖尊少太山大宗師碑銘竝序)〉의 비문을 지어 공덕을 찬양하였다.

정산종사는 비문에서 소태산 대종사가 새 시대의 주세성자이며, 새 회상이 미래세상의 주세 회상임을 천명하여 소태산 대종사관과 새 회상관을 처음으로 금석(金石)에 새겨 천하에 널리 알렸다.

제1대 성업봉찬대회는 원기 38년 원광대학 광장에서 남녀교도가 운집한 가운데 원만히 이루어져 제2대를 힘차게 출발하는 계기가 되었다. 그러나 교단의 경제적 형편으로 기념식만 거행하고 창립유공인 표창식과 경축행사는 4년 후인 원기 42년 기념총회 때 하였다.

◆ 새겨보는 문제 ◆

(가) 원기 33년 4월 '원불교(□□敎)'라는 정식 교명을 대내외에 □□하였다.

(나) 한국전쟁이 일어나 북한군이 총부를 점령하여 정산종사는 □□전 불단 뒷방에서 □개월 가량을 지냈다.

(다) 정산종사는 원기 34년 '대종사 □□'을 봉건하고, 원기 38년에는 〈원각성존소태산대종사비명병서〉의 비문을 지어 '대종사 □□'를 제막하였다.

5) 열반

정산종사는 소태산 대종사의 교화 · 교육 · 자선의 교단 방향을 더욱 발전시키기 위하여 교재정비(教材整備), 기관확립(機關確立), 정교동심(政敎同心), 달본명근(達本明根)의 4대 경륜을 세워 교단을 이끌었다.

정산종사는 교재정비에 있어서 《대종경》 편찬을 착수하였다. 또한 《예전》을 편찬하고, 제1대 성업봉찬사업을 전후하여 건강을 크게 잃었다. 그런 중에서도 원기 43년 장수교당에서 요양하면서 '정화사(正化社)'를 발족시켜 각종 교서편찬 업무를 주관하게 하였다.

정산종사는 산동 백우암, 남원교당, 동산선원 등지에서 요양하며 대종경 편찬을 지휘격려 하였으나 생전에 발행되지 못하고 원기 47년 정산종사가 열반하던 해에 《정전》, 《대종경》이란 이름으로 발행되었다.

원기 46년 정산종사는 개교기념일을 맞이하여 삼동윤리(三同倫理)에 관한 법문을 설하고 원기 47년 1월 22일 각처에서 운집한 제자들에게 최후 작별의 말을 하며 "누구 한 사람 삼동윤리를 설명해 보라" 하자 대산 김대거가 뜻을 받들어 간략하게 설명하였다.

"동원도리(同源道理)는 이 세상 모든 종교가 한 울안 한 이치인 것을 말한 것이요, 동기연계(同氣連契)는 이 세상 모든 생령이 한 집안 한 권속임을 말한 것이며, 동척사업(同拓事業)은 이 세상 모든 사람이 한 일터 한 일꾼임을 말한 것입니다. 이는 곧 대종사님의 일원대도에 근거한 대 세계주의로서 곧 천하의 윤리요 만고의 윤리입니다."

설명이 끝나자 그 말이 옳음을 확인하고 물을 것이 있으면 물으라 하니 시자(侍者)가 대중의 뜻을 받아 "이 삼동윤리의 요지로써 스승님의 게송으로 삼으오리까?" 하니 "그러하라" 하였다.

그리고 오후에 송(頌)을 전했다.

> "한 울안 한 이치에 한 집안 한 권속이 한 일터 한 일꾼으로 일원세계 건설하자"

원기 47년 1월 24일 오전, 정산종사는 거연히 열반에 들었다. 세상 인연 63세, 법납 45년, 종법사 재임 20년의 생애였다.

정산종사 열반 10주년을 맞이하여 원기 57년 《정산종사법어》가 발간되었다. 《정산종사법어》는 제1부 〈세전(世典)〉과 제2부 〈법어(法語)〉로 구성됐다.

◆ 새겨보는 문제 ◆

㈎ 정산종사는 □□정비, □□확립, □□동심, □□명근의 4대 경륜을 세워 교단을 이끌었다.

보기) ① 정교 ② 달본 ③ 교재 ④ 기관

㈏ 정산종사는 "한 울안 한 □□에 한 집안 한 권속이 한 일터 한 일꾼으로 □□세계 건설하자"고 게송을 전했다.

㈐ 정산종사는 원기 47년 □월 24일, 63세로 □□에 들었다. 법납 45년, 종법사 재임 □□년 이었다.

6) 정산종사 십상

① 하늘을 우러러 기원하신 앙천기원상(仰天祈願相)

큰 뜻을 품으시고 가야산으로 출발하실 즈음에 시 한수를 읊으시니 "해붕천리고상우(海鵬千里翺翔羽) 농학십년칩울신(籠鶴十年蟄鬱身)

바다붕새 천리나 되는 나래 가지고도 조롱 속에 10년이나 갇힌 학과 같이 답답하구나."

이 글을 장인 여병규가 보고 "아마도 자네는 나가서 큰 일 할 사람이지 집안 살림은 못 하겠네"하였다.

② 스승을 찾아 뜻을 이루신 심사해원상(尋師解願相)

가야산에서 뜻을 이루지 못하시고 전라도로 행하시어 문득 대원사에 이르러서 진묵대사와 증산천사 등 전성(前聖)들의 법연을 갖던 중 우연히 화해리 해운 여 노인(女老人)의 알선으로 수삼 개월 화해리에서 지내시다가 대종사를 만나시었다.

③ 중앙으로 법을 이으신 중앙계법상(中央繼法相)

대종사 숙겁의 법연을 맞이하기 위하여 3년을 기다리시며 중앙을 비워놓았다가 정산종사를 앉히시고 '아심여심(我心汝心) 여심아심(汝心我心)이며 이젠 우리 회상의 일은 끝났다' 하시고 만대 정법을 논의하시었다.

④ 봉래에서 교법제정을 도우신 봉래조법상(蓬萊助法相)

월명암에서 봉래정사를 왕래하시면서 제법하시는 대종사를 도와드리는 상수(上首)역할을 하시었다.

⑤ 초기교단의 교화인연을 맺어주신 초도교화상(初度教化相)

익산총부를 건설하기 위하여 만덕산에 보내주신 대종사의 성지를 대행하시었다.(교단 교화 만대의 초선지를 정하심)

⑥ 개벽시대 주세불의 법을 이으신 개벽계성상(開闢繼聖相)

종법사위에 오르셔서 대종사를 새 세상의 주세불로 높이 받들며 불불계세(佛佛繼世) 성성상전(聖聖相傳) 심심상연(心心相連) 법법상법(法法相法)의 대임을 맡으시어 한 게(偈)를 읊으시니 "유위위무위(有爲爲無爲) 무상상고전(無相相固全) 망아진아현(忘我眞我現) 위공반자성(爲公反自成)

함 없음에 근원하여 함 있음을 이루게 되고,

상없는 자리에서 오롯한 상을 얻게 되며,

나를 잊은 자리에서 참된 나를 나타내고,

공을 위하는 데서 도리어 자기를 이루시니라."(《정산종사법어》 무본편 33장)

⑦ 전란 중에도 교단을 쉼 없이 이끌어 주신 전란불휴상(戰亂不休相)

8.15 혼란과 한국전쟁을 당하여 재가출가 전 교도가 희생자 없이 무사히 회상을 이끌어 나오시었다.

⑧ 교서를 정비하신 교서정비상(敎書整備相)

회상성업을 계승하시는 가운데 7대교서 중 대종경과 6대교서 전반을 친감(親鑑)하시어 교단만대의 전 교서를 정비하시고 교단 3대 사업인 교화 · 교육 · 자선기관을 설립하는 동시에 그 기초를 확립시켜 주시었다.

⑨ 9년 동안의 큰 병환 중에도 자비로 제중하신 치병제중상(治病濟衆相)

9년 대병(大病)의 내우외환(內憂外患)을 겪으시면서도 대종사의 일원대도를 시방세계에 전력하시려는 원력은 더욱 크시고 그 정성과 적공은 주소 일념뿐이시니 마음 한번 가라앉고 이마 한번 찡그리신 바 없으시어 그 성자(聖姿)와 그 성심(聖心)의 거룩하심에 만인이 흠망한 바가 크시었다.

⑩ 임인년에 열반하신 임인열반상(壬寅涅槃相)

열반하시기 직전에 게송을 전해주시니 '한 울안 한 이치에 한 집안 한 권속이 한 일 터 한 일꾼으로 일원세계 건설하자'는 인류의 대 윤리를 제창하시었다.

결어(結語)

송규는 정규의 지량으로 능히 측량할 사람이 아니로다. 내가 송규 형제를 만난 후 그들로 인하여 크게 걱정하여 본 일이 없었고 무슨 일이나 내가 시켜서 아니한 일과 두 번 시켜본 일이 없나니

라.(《대종경》 신성품 18장)

※ 정산종사 십상은 《대산종사법어(자문판)》 제2부 법어 제1 신심편 45장과 대산종사 종법사 재위 중 정산종사 십상에 대한 설명을 덧붙여 주신 내용을 정리하였다.

◆ 새겨보는 문제 ◆

㈎ 다음은 정산종사 십상이다. 보기에서 찾아 맞추어 보시오.
 ㈀ 앙천□□상 ㈁ 심사□□상 ㈂ 중앙□□상 ㈃ 봉래□□상
 ㈄ 초도□□상 ㈅ 개벽□□상 ㈆ 전란□□상 ㈇ 교서□□상
 ㈈ 치병□□상 ㈉ 임인□□상

보기) ① 조법 ② 기원 ③ 정비 ④ 해원 ⑤ 불휴 ⑥ 계성 ⑦ 열반
  ⑧ 제중 ⑨ 계법 ⑩ 교화

3 대산 김대거 종사

대산 김대거(大山 金大擧) 종사(宗師)는 소태산 대종사와 정산 종사의 법통을 계승하여 원기 47년 2월부터 원불교 종법사의 대임을 맡아 교단의 주법으로서 원기 79년 11월 **좌산 이광정(左山 李廣淨)** 후계 종법사에게 양위하기까지 33년간

교단을 주재(主宰)하였다.

대산종사는 1914년 4월 11일(음 3.16), 전라북도 진안군 성수면 좌포리에서 연산 김인오(連山 金仁梧) 대희사와 봉타원 안경신(鳳陀圓 安敬信) 대희사의 5남매 중 장남으로 탄생하였다.

대산종사가 소태산 대종사를 처음으로 만난 것은 11살 때였다. 원기 9년 (음) 4월 29일 불법연구회 창립총회를 개최한 며칠 후 소태산 대종사가 두 번째로 만덕산에 행가 한 바로 그때였다. 삼타원 최도화의 인도로 조모(祖母)인 현타원 노덕송옥이 만덕산 만덕암에 머물고 있는 소태산 대종사를 처음 뵈오러 가면서 장손자인 대산종사를 데리고 나섰기 때문이다.

이렇게 소태산 대종사를 만나 귀의한 대산종사는 11살의 어린 나이에 정산종사, 사산 오창건, 팔산 김광선을 비롯한 초창기 창립선진 열한 분과 더불어 소태산 대종사를 모시고 5월 한 달 동안 선(禪)을 나게 되었다. 그리하여 소태산 대종사 → 정산종사 → 대산종사로 이어진 원불교의 3대 주법(主法)이 최초로 한자리에 만나는 역사를 이루게 되었다.

대산종사는 원기 14년 16세에 출가하여 3년간 총부에서 학원생활을 하면서 소태산 대종사와 은부자(恩父子)의 의(義)를 맺었다. 이무렵 대산종사는 서원을 확실히 세우고 원기 17년에 자신의 입지시(立志詩)를 〈월말통신〉에 발표하였다.

'차신 필투공중사 영세진심 갈력행(此身 必投公衆事 永世盡心 竭力行) 인생출세 무공적 사아평생 하면괴(人生 出世 無功績 斯我平生 何免愧)

이 몸은 반드시 공중사에 던져 영원토록 몸과 마음을 다하리라. 사람으로 태어나 공적이 없다면 이내 평생 어찌 부끄러움을 면할 손가.'

그 후 대산종사는 7년간 총부에서 서무·상조·공익·육영·교무 각 부서의 서기를 차례로 역임하면서 5년간 소태산 대종사의 시봉도 겸하였다.

20세에 한 살 위인 의타원 이영훈과 결혼한 대산종사는 가사를 일체 불고하여 오다가 원기 21년경에 잠시 휴가를 얻어 사가를 정리하여 총부 부근으로 이사하였다. 이어 원기 22년부터 서무부장·교무부장·감사부장·총부 교감 겸 예감 등에 차례로 임명되었다.

대산종사는 출가 이후 소태산 대종사 열반 시까지 줄곧 소태산 대종사의 시봉 또는 교단 간부로서 총부를 떠나지 않고 측근에 머문 만큼 법설을 받들 기회를 많이 가졌다. 그리하여 원기 23년 '일원상과 인간과의 관계'를 비롯한 수편의 소태산 대종사 법설을 수필하여 후일 〈대종경〉 초안 및 편찬에 지대한 역할을 하였다.

  소태산 대종사는 일찍이 대중들에게 정산종사가 큰 인물임을 인식시키고 후계 종법사로서의 중임을 계승할 수 있도록 하였듯, 대산종사 역시 큰 법기임을 제자들이 암암리에 깨달을 수 있도록 인식 시켰다.

  한편 소태산 대종사는 대산종사가 속 깊은 적공을 통해 일원(一圓)의 진리를 요달할 수 있도록 독려하고 엄격히 지도했다. 대산종사는 수도적공을 통해 얻은 깨달음의 기쁨을 사공(沙工), 피안(彼岸)의 님, 일여선가(一如船歌) 등의 시로 표현했다.

  인생에 있어서 가장 큰 일은 잘 나서 잘 살다가 잘 죽는 일이 가장 큰 일이 아닐 수 없다.

  생사거래의 원리와 열반 후 영혼천도의 의의와 방법에 관한 법문들을 모아 수록한 〈대종경〉 천도품은 총 38장으로 구성되어 있다. 그 가운데 32장부터 38장까지의 총 7장의 법문이 바로 대산종사가 소태산 대종사께 의문점을 문답하는 형식으로 수록된 법문이다.

  대산종사는 소태산 대종사 열반 후 정산종사가 종법사의 대임을 계승함에 정산종사를 보필하여 교단 발전에 헌신하였다. 원기

31년부터는 총부 서울출장소장으로 광복 직후 3년간 다사다난한 교단사에 큰 역할을 했다. 그 후로는 총부와 원평·진영·다대교당 등지에서 〈대종경〉 자료를 정리하였으며, 원기 37년에는 수위단 중앙에 피선되고 교정원장에 피임되어 정산종사의 경륜과 포부를 받들어 실현하는데 힘을 다했다.

원기 44년에는 중앙선원장에 피임되었으나 영산에서 요양하면서 정관평 재 방언공사와 영산성지 사업의 기초를 세웠고, 원기 46년부터는 하섬, 신도안 등지에서 교재를 연마 하던 중 정산종사가 원기 47년 1월 24일, 열반함에 후계 종법사로 추대되었다.

대산종사는 정산종사가 병상에서 최후까지 유촉한 교재정비(敎材整備), 기관확립(機關確立), 정교동심(政敎同心), 달본명근(達本明根)의 4대 경륜을 실현하기 위해 노력하였다.

또한 대산종사는 원기 56년 10월 중앙총부에 정산종사 성탑을 건립하면서 그 성탑명에서 '정산종사는 새 질서를 갈망하는 세계를 향하여 일원세계 건설의 큰 길을 높이 외쳐 주시었으니 후래 제자로서 묵묵히 우러러 뵈올 때에 대종사는 하늘이요 태양이시라면 정산종사는 땅이요 명월(明月)이시며 대종사는 우리의 정신을 낳아 주신 영부(靈父)시라면 정산종사는 그 정신을 길러주신 법모(法母)시라' 고 밝혔다.

특히 대산종사는 종법사 재임기간 동안 교도 입교운동과 교당 및 기관증설을 통해 교세를 신장시키는 한편, 훈련원 확보와 훈련법의 강조로 교도훈련을 통한 법위향상에 주력하였다.

또한 대산종사는 소태산 대종사의 일원주의 사상과 정산종사의 삼동윤리 정신을 계승하여 종교연합운동의 확산에 노력을 기울였으며,《정전대의(正典大意)》를 비롯, 많은 법문을 남겼다.

대산종사는 원기 79년 좌산 이광정 후계 종법사에게 양위하고 상사(上師)로 주재하다가 게송을 전했다.

"진리는 하나 세계도 하나 인류는 한 가족
세상은 한 일터 개척하자 하나의 세계"

대산종사는 원기 83년 9월 17일, 중앙총부에서 열반하였다.

◆ 새겨보는 문제 ◆

㈎ 대산종사는 원기 □□년부터 종법사의 대임을 맡아 □□년간 교단을 주재하였다.

㈏ 대산종사는 □□살의 나이에 만덕산 □□암에서 소래산 대종사에게 귀의하였다.

㈐ 대산종사의 입지시이다. □안을 보기에서 찾아 넣으시오.
이 몸은 반드시 □□□에 던져 영원토록 몸과 □□을 다하리라.
사람으로 태어나 □□이 없다면 이내 평생 어찌 □□□□을 면할 손가.

보기) ① 마음 ② 공중사 ③ 부끄러움 ④ 공적

4 좌산 이광정 상사

좌산 이광정(左山 李廣淨) 상사(上師)는 1936년 3월 15일, 전라남도 영광군 대마면 복평리에서 부친 광산 이삼공(光山 李三空) 선생과 모친 광타원 이공원(光陀圓 李空源) 여사의 5남매 중 막내로 탄생하였다. 좌산상사의 본명은 건형(健衡)이다.

어린 시절부터 책읽기를 좋아하고 사물에 대한 연구심이 강하고 한번 하기로 한 일은 반드시 이루어 내고야 마는 정성심으로 어른들의 총애를 받았다. 어린 시절 좌산상사는 친척인 가헌 이직형(可軒 李直衡)으로부터 한학을 공부한 적이 있다. 이직형은 어린 좌산상사의 총명함을 보고 '장차 성균관에 보내서 우리 유학을 중흥 시켜야겠다' 고 할 정도로 총애하였다.

고향에서 대마동초등학교를 졸업한 좌산상사는 고창 대성중학교에 입학하였으나 한국전쟁이 일어나 학업을 계속할 수가 없었다. 그러나 아무리 어려운 상황에서도 배워야 한다는 의지로 광주 조선대학 부속 기술학교에 입학하였다.

학교에 다니던 좌산상사가 17세 되던 원기 38년 어느 날 집안의 호산 이군일의 안내로 익산총부를 방문하여 정산종사를 뵙고 의문점을 여쭈었다.

"종법사님! 한 말씀 여쭙고 싶은데요. 원불교에서는 법당이니, 법어, 법문 그러는데 저는 육법전서의 법은 알아도 그 법이 무엇을 뜻하는지 잘 모르겠습니다."

좌산상사의 물음에 정산종사가 말했다.

"우리가 걸어 다니는 길이 있듯이 사람이 사람으로서 마땅히 행하여 나가야 할 길이 있지 아니하더냐. 그것을 가르치는 것이 법설이니 법어니 하는 것이다."

좌산상사는 정산종사의 자비로운 성안과 밝으신 법문을 받들면서 그 동안 마음속으로 혼자 고민해 오던 인생의 많은 문제에 대한 길을 찾을 수 있으리라는 믿음으로 출가의 결심을 굳히게 되어 이군일에게 전무출신을 하겠다고 말했다.

이군일은 "어떻게 그런 생각을 했느냐? 학교를 졸업하고 오너라"고 하였다.

좌산상사는 이듬해인 원기 39년 3월 총부를 다시 찾아왔다. 이미 어릴 때 입교를 했지만 출가하는 마당에 다시 입교 절차를 밟고 4월 1일에 전무출신 서원서를 제출했다.

출가 후에는 좌포교당에서 1년, 수계농원에서 4년 동안 임원생활을 한 후 원기 44년에 원광대학교 원불교학과에 입학하였다. 수학 중 2,3학년 때에는 정산종사의 시봉을 하면서 수학하였고, 4학년 때에는 신도안으로 가 대산종사를 시봉하게 되었다.

신도안에서 대산종사를 시봉하던 때에 좌산상사가 스승님의 지도를 따라서 연탄 부엌을 만드는데, 석 달에 걸쳐서 아궁이를 여러 번 고치도록 하는 스승님의 지도에 조금도 불평이 없이 시키는 대로 순종하였다. 후일 대산종사는 좌산상사의 신성을 옛날 "구정선사와도 비교할 수 없는 깊은 신성이라"고 칭찬하였다.

원기 48년 원광대학을 졸업하고 곧 정남을 서원한 좌산상사는 법무실 법무로 명을 받아 정식 근무를 하게 되었다. 이 과정에서 좌산상사는 스승님들의 지도를 가까이에서 받기도 했지만, 시봉과 대중응접 등 격무로 인하여 건강을 잃게 되어 환경을 바꾸어 교화현장에 근무를 하게 되었다.

원기 52년부터 운봉교당과 익산교당 교무로 근무하면서 교화자로서의 경륜을 펼치게 되었다. 좌산상사는 교화현장에서 교도훈련의 체계화를 통하여 교법에 의한 철저한 훈련을 실시하였다.

원기 58년 3월에는 중앙총부 교정원 교무부장에 취임하여 반백년 기념사업기간 동안 교화 3대 운동을 통하여 폭발적으로 늘어난 교세를 기반으로 교화의 새로운 도약을 위한 교도의 단계별 훈련을 확립한 것을 비롯하여 당시에 미개척이던 어린이교화 개척 등 의욕적인 교화정책을 펼쳤다. 특히 '교화연구소'를 발족하여 각종 교화정책 연구와 교화현장에 필요한 각종 교재를 개발하여 교화발전에 기반을 다지는 한편, 훈련부와 문화부를 독립시키고 교무부를 교화정책 본연의 업무에 전문적으로 임할 수 있도록 교화부의 체계를 확립하였다.

원기 62년에 교정원 조직법이 개정되어 문화부가 독립할 때에 초대 문화부장으로 취임하여 문화회관 건립, 중앙박물관을 설립하는 한편 사적 및 유물관리 규정을 마련하여 문화자산 관리정책을 수립하고 원불교방송국 허가를 추진하는 등 교단 문화정책 기반을 확립하였다.

원기 64년에 좌산(左山)이란 법호를 수증 받았으며, 원기 67년 수위단원에 피선되어 서울출장소장 겸 종로교당 교감, 원기 71년 서울동부교구장 겸 종로교당 교감으로 서울에 교화의 법풍을 일으켰다.

원기 73년 수위단원에 재선되어 상임중앙으로서 교단 창립 제2대를 마감하고 제3대를 맞이하면서 교단의 총의가 결집되어 교육발전위원회가 구성되었다. 원기 75년에 출범한 교육발전위원회 위원장으로서 '교육은 교운이다'는 기치를 걸고 교육발전계획을 완성하였다.

원기 76년 3월 수위단회에서는 좌산상사의 법위를 정식 출가위로 사정하여, 소태산 대종사 탄생 100주년 성업봉찬 기념대회를 맞아 종사(宗師)의 법훈을 서훈 받았다.

좌산상사는 원기 79년 대산종사의 법통을 이어 제11대 종법사위에 올라 소태산 대종사, 정산종사, 대산종사의 정신을 이어 경륜을 폈다.

좌산상사는 종법사를 2기 12년간 역임하며 중앙총부 자립경제 확립, 정산종사 탄생 100주년 성업, '원음방송국'을 개국하여 대중매체를 통한 교화와 군종장교 편입으로 군교화의 길을 여는 등 많은 업적을 남겼다.

원기 91년 경산 장응철 후계 종법사에게 양위한 후 상사(上師)로서 교단의 정신적 지도자 역할을 하고 있다.

◆ 새겨보는 문제 ◆

㈎ 좌산 상사는 교정원 교무부장으로 □□□교화 개척과 '교화□□소'를 발족하여 각종 교화정책 연구와 각종 교재를 개발하였다.

㈏ 좌산상사는 원기 □□년 대산종사의 법통을 이어 제11대 □□사에 취임하였다.

㈐ 좌산상사는 종법사를 2기 역임하며 '□□방송국'을 개국하여 대중매체를 통한 교화와 □□장교 편입으로 군교화의 길을 열었다.

 경산 장응철 종법사

한결같이 일관하는 신성과 심법, 청빈하고 검박한 생활로 수도인의 향취와 기풍을 은은하게 풍기는 경산 장응철(耕山 張應哲) 종법사(宗法師)는 1940년 9월 8일, 전라남도 신안군 장산면 다수리에서 장상봉(張上鳳) 선생과 김출진옥(金出塵玉) 여사의

2남 1녀 중 장남으로 탄생하였다.

경산종법사는 어려서부터 온화하고 너그러운 성품으로 주위 인연으로 부터 사랑과 기대를 받으며 유복한 가정환경 속에서 성장하였다. 그러나 경산종법사 7세시, 다복한 가정을 꾸려온 부친이 열반에 든 후 가세가 기울어 간고한 생활을 하였다. 나이가 들면서 홀로 되신 어머니를 극진히 받들면서, 가정환경을 있는 그대로 받아드리고 학업과 생업을 함께 꾸려갈 방도를 생각하며 소년시절을 보냈다.

경산종법사는 원기 45년 전주에 거주하는 이종형인 최덕근의 인도로 **정산종사를 뵙고 원불교에 입문하는 동시에 전무출신을 서원**하고 교정원 총무부에서 서기생활을 시작하였다.

4년간의 서기생활을 마치고 원기 49년 원광대학교 원불교학과에 입학하여 원기 53년 2월에 졸업 후 영산선원 교사로 후진양성의 길을 걷기 시작하였다. 영산선원 교사로 봉직하면서 어려운 환경임에도 자기발전을 위한 배움의 정성은 끊임이 없었고, 신앙과 수행에 대한 적공은 쉼이 없었다. 5년간의 영산생활을 마치고 원기 58년 총무부 과장으로 부임하여 근무하면서 교정 전반의 상황을 파악하게 되었다.

경산종법사는 원기 60년 정남을 서원하고, 새로운 다짐과 각오로 원기 62년 서울사무소 사무장으로 발령을 받아, 정치·경제·외교·문화·종교의 중심지인 서울에서 견문을 넓히고 부족한 학식을 보충하는 한편, 유익한 정보를 수집, 교단 발전에 기여할 수 있는 안목을 키웠다.

원기 67년 교정원 총무부장에 부임하여 순환제 인사제도를 정착시켰고, 원기 73년 말 첫 교화장으로 청주교구장으로 봉직하면서는 교구청 신축불사를 추진하였다.

경산종법사는 원기 76년 영산사무소장 겸 영산대학장으로 취임하여 교육발전위원회의 계획에 따라 영산대학을 정부가 인정하는 4년제 정규대학으로 설립하기 위한 교단적 사업에 혈성을 다하여 정부 교육부로부터 학교법인 '영산학원' 설립인가와 4년제 대학에 준하는 각종학교인 '영산원불교학교' 설립인가를 받았다.

원기 77년 영산원불교학교를 상급학교 입학학력 인정학교로 지정을 받아 우수한 인재를 양성할 수 있는 법적인 장치를 완비하는 등 인재양성과 교육발전에 심혈을 다하였다. 4년제 정규대학을 준비하기 위한 건축불사를 원기 78년부터 시작하여 2년 만에 완수하여 교단의 교육정책에 중요한 공적을 이루었다.

원기 79년 서울교구장으로 부임하여 교화의 중심지인 서울에서 서울 대 법회와 동네교화, 화요공부방 등으로 서울 교화발전에 성심을 다하였다.

경산종법사는 오직 종명과 공의에 신명을 바치는 신성의 소유자로서 전무출신들의 귀감이 되었을 뿐만 아니라 무소유의 해탈 심법을 표준으로 살았다.

그동안 연륜을 정리하며 틈틈이 연마하고 강의하였던 글들을 모아서 《노자의 세계》, 《생활속의 금강경》, 《마음소 길들이기》, 《자유의 언덕》 등의 저서를 편찬하는 등 현대인의 생활 속에서 교리를 실천할 수 있는 편저 작업에도 심혈을 다하였다.

원기 85년 교단 제3대 제1회 결산 및 정산종사 탄생백주년 기념성업에 즈음하여 법위를 정식 출가위로 사정하여, 정산종사 탄생 백주년 성업봉찬 기념대회에서 종사(宗師)의 법훈을 서훈 받았다.

경산종법사는 교정원장을 역임하고 중앙중도훈련원장으로 전무출신들의 훈련을 담당하다 원기 91년 좌산 이광정 상사의 법통을 이어 원불교 제13대 종법사에 취임하였다.

◆ 새겨보는 문제 ◆

㈎ 경산종법사는 1940년 전남 신안군 □□면 다수리에서 탄생하였다.

㈏ 경산종법사는 원기 □□년 □□종사를 뵙고 원불교에 입문하는 동시에 전무출신을 서원하였다.

㈐ 경산종법사는 원기 □□년 좌산상사의 법통을 이어 원불교 제 □□대 종법사에 취임하였다.

Ⅱ 소태산 대종사의 9인 제자

1. 일산 이재철 대봉도
2. 이산 이순순 대호법
3. 삼산 김기천 종사
4. 사산 오창건 대봉도
5. 오산 박세철 대봉도
6. 육산 박동국 대호법
7. 칠산 유건 대호법
8. 팔산 김광선 대봉도

소태산 대종사가 1916년 깨달음을 얻은 후 처음 표준제자로 삼은 9인 제자는 정산 송규, 일산 이재철, 이산 이순순, 삼산 김기천, 사산 오창건, 오산 박세철, 육산 박동국, 칠산 유건, 팔산 김광선이다.

소태산 대종사는 이들 9인 제자와 더불어 저축조합운동·방언공사·법인기도 등 교단 창립의 중요 터전을 다져갔다.

또한 9인 제자들로 첫 교화단인 수위단을 조직했으며, 이들에게 처음으로 법명과 법호를 내렸다.

소태산 대종사와 9인 제자들이 교단을 창립하면서 직접 체현(體現)한 정신, 곧 이소성대·일심합력·무아봉공·근검저축 정신 등은 원불교 창립정신으로 승화되어 계승 발전되어 오고 있다.

9인 제자는 석가모니불의 10대 제자, 공자문하의 10철, 예수그리스도의 12사도와 같이 교단 창립의 주축이 되었으며, 교단의 발전과 함께 길이 존숭 받고 있다.

※ 9인 제자 중 정산종사는 소태산 대종사와 후계 종법사 편의 '정산 송규 종사의 생애'에 수록

 일산 이재철 대봉도

소태산 대종사의 첫 9인 제자 가운데 한 사람인 일산 이재철(一山 李載喆) 대봉도는 외교가 능하여 초기교단의 대외 간판 역할을 하였다.

방언공사 시 허가 분쟁이 일어나 큰 곤경에 처했을 때 군청에 출입하는 등 뛰어난 식견과 언변으로 동분서주하며 위기를 면하게 하였으며, 익산총부를 건설할 때도 외교로 경제적 토대를 세우는데 크게 기여하였다.

일산 대봉도는 1891년 2월 11일, 전라남도 영광군 군서면 학정리에서 부친 이관현(李寬現) 선생과 모친 옥타원 김화옥(玉陀圓 金華玉) 여사의 4남매 중 독자로 태어났다. 부친은 함평·영광지역의 동학 접주(接主)로서 농민운동에 앞장선 인물이었으며, 모친은 소태산 대종사 법하에 귀의하여서 독실한 신심으로 수행에 적공하여 선력(禪力)을 인증 받기도 했다.

일산 대봉도는 원기 원년(1916) 4월, 사산 오창건의 인도로 소태산 대종사를 찾아뵙고 장차 교단 창설의 취지를 듣자 매우 기뻐하며 즉석에서 사제지의(師弟之義)를 맺었다.

소태산 대종사가 깨달음을 얻은 후 비몽사몽간에 본 경전이 〈금강경〉이었다. 일산 대봉도는 원기 원년 5월, 소태산 대종사의 명을 받들고 불갑사(佛甲寺)에 가서 금강경을 구해드렸다.

그 후로 일산 대봉도는 소태산 대종사의 대도를 봉대하는 마음이 날로 간절해지는 가운데 원기 2년 (음) 7월 26일, 교단의 최초 통치단인 남자 정수위단(男子正首位團)을 조직할 때에 건방(乾方)단원으로 임명되어 조합의 규정을 성실하게 수행함과 아울러 교단사업의 기초를 다지는데 헌신 노력했다.

저축조합 초기의 경제관계 사무뿐만 아니라 간석지 방언공사와 구간도실 건축에 온갖 정성과 혈심을 기울였을 때 일산 대봉도는 주로 외무일과 금전출납 관계 사무를 도맡아 처리했다.

소태산 대종사의 직접 지휘를 받으며 동지들과 더불어 흙짐을 지기도 했다. 그러다보니 발바닥이 부르트고 어깨와 등이 부어올라 사뭇 못 견딜 지경이었다. 차라리 귀한 집 독자가 아니었다면 진작 흙짐 지는 연습이라도 해두었을 것을 하는 후회도 했다.

일산 대봉도는 원기 4년 (음) 3월 26일부터 소태산 대종사의 지도를 받아 8인 단원들과 함께 창생의 구원을 위하여 혈심으로 기도하였다.

법인기도 시 소태산 대종사가 단원들에게 "생사는 인간대사라, 만일 조금이라도 자신이나 가정은 물론하고 걱정스런 생각이 있거든 숨기지 말고 말하라"고 했을 때 효성이 남달리 장했던 일산 대봉도는 "창생을 위하여 자신 한 몸 죽는 것은 여한이 없으나 홀로 계신 모친이 걱정됩니다"고 하였다.

소태산 대종사는 일산 대봉도의 심중을 헤아리고 "모친의 시봉은 내가 책임질 테니 안심하라"고 말했다. 이에 감사하는 마음으로 생명희생의 결심을 굳게 하였으며, 기도 마지막 날에는 환후 중인 모친에게 한약을 지어 인편에 전하기도 했다.

(음) 7월 26일(8.21) 마침내 생명희생의 대 서원을 올림으로써 천지신명의 감명을 얻어 백지혈인(白指血印)의 이적을 나투었다. 이때에 소태산 대종사로부터 봉수 받은 법명이 재철(載喆), 법호는 일산(一山)이며 본명은 재풍(載馮)이다.

일산 대봉도는 키가 크고 신상이 구족하며 위풍이 좋은 가운데 천성이 온순하여 누구를 대하나 항상 화기(和氣)롭고 겸손하였다.

영광지방에서는 이러한 일산 대봉도에 대해 '영광의 인물' 이라는 평을 하며 '봉사가 만져 봐도 양반'이라고 이구동성으로 칭송이 자자하였다.

부드러우면서도 강직한 성격을 지닌 일산 대봉도는 아랫사람들의 세정을 일일이 살펴주었고 항상 용기와 희망을 넣어주었다. 그래서 후진들이 일산 대봉도를 대하면 어딘가 모르게 다정다감하여 친 부모처럼 마음이 편안해졌다고 한다.

또한 일산 대봉도는 무슨 일이든 잘못하는 일이 있어도 절대로 여러 사람 앞에서 꾸중하는 일이 없었으며 항상 조용히 타이르고 자상히 가르쳐 주었다.

일산 대봉도는 언제나 소태산 대종사 앞에서는 손을 내려놓은 일이 없고 겸허한 태도로 공수(拱手)를 하며 물러날 때에도 그냥 뒤돌아서는 일이 없이 진퇴의 예를 갖추어서 행했다.

일산 대봉도는 심기(心氣)가 상통한 팔촌 동생인 도산 이동안을 소태산 대종사께 귀의시켰다. 바로 이것이 영광군 묘량면 신천리 함평 이씨 가문이 이 회상에 귀의하고 가문에서 수십 명이 전무출신하여 교단의 창립과 발전에 공헌하게 된 계기가 되었다.

8인 단원과 함께 모든 어려움을 개척해가며 저축조합·방언공사·혈인기도 등을 마친 일산 대봉도는 출가 후 23여 년간을 영광 혹은 총부에서 교단 사업계의 중책을 맡아 초기교단의 경제적 기초를 다지는데 크게 기여 하였고, 원기 20년대에는 총부 서정 전반(庶政 全般)에 걸쳐 오직 교단발전을 위해 헌신 봉공하였다.

일산 대봉도는 영광군 백수면 천마리 자택에서 숙환으로 원기 28년 11월 15일, 53세로 열반하였다.

일산 대봉도는 스승인 소태산 대종사와 같은 해에 태어나 같은 해에 열반하였다.

◆ 새겨보는 문제 ◆

㈎ 일산 대봉도가 소태산 대종사께 불갑사에 가서 □□경을 구해 드렸다.

㈏ 일산 대봉도는 □□가 능하여 초기교단의 대외 □□ 역할을 하였다.

㈐ 원기 28년 □□세로 열반하여 스승인 소태산 대종사와 같은 해에 태어나 같은 해에 □□하였다.

2 이산 이순순 대호법

소태산 대종사의 첫 9인 제자 가운데 한 사람인 이산 이순순(二山 李旬旬) 대호법은 1879년 9월 1일, 전라남도 영광군 백수면 천정리에서 부친 이다익(李多益) 선생과 모친 김씨의 2남 중 장남으로 태어났다.

천성이 호걸다워 호탕하게 놀기를 좋아하는 성격을 가진 일면 온순 다정하기도 하였다. 키가 크고 기상이 늠름하며 성격이 활발하였던 이산 대호법은 창업기 교단에서 인화(人和)의 표본이었다.

이산 대호법은 소태산 대종사가 깨달음을 이루기 전부터 이미 교분이 있었다. 32세 되던 해는 소태산 대종사가 깨달음을 얻기 6년 전이었다. 이산 대호법은 이웃 마을에 살며 소태산 대종사의 외숙인 칠산 유건과의 친분으로 소태산 대종사가 세상을 알지 못하는 가운데 생활의 곤궁함이 이루 말할 수 없이 심하다는 것을 알고 있었다.

　이산 대호법은 소태산 대종사께 민어 파시(波市)로 유명한 신안군 탈이섬으로 장사 떠날 것을 권하였다. 탈이섬은 법성포 앞바다인 칠산바다를 지나 남쪽에 위치한 임자도 곁에 붙어 있는 조그만 섬이었다.

　소태산 대종사는 구호동 가족들과 상의를 하고 이산 대호법에게 보리 석 섬을 빌려 장사 떠날 준비를 서둘렀다. 며칠 만에 다녀오는 것이 아니라 여러 달이 걸리는 장삿길 이었다. 그리하여 장사를 위해 배꾼들에게 필요한 물자며 그 동안 먹고 잘 살림도구도 장만하였다. 일행은 소태산 대종사와 이산 대호법, 칠산 유건, 그리고 밥을 해 주고 살림을 돌봐줄 사타원 이원화가 함께 갔다.

　소태산 대종사는 탈이섬에서 뱃사람들에게 식량 등 물자를 대주고 잡아온 고기와 교환하여 판매하는 장사를 시작하였다. 희한하게도 어찌된 일인지 소태산 대종사에게서 양식과 물자를 가지고 바다로 나간 고깃배는 모두 다 위험한 일을 당하지 않고 고기를 가득 잡아 가지고 돌아왔다. 이와 같이 석 달 정도 장사를 해 돈을 상당히 많이 벌었다.

　그리하여 소태산 대종사는 부친이 남긴 부채를 청산하고 다시금 구도에 정진할 수 있었다.

소태산 대종사 깨달음을 얻기 전, 입정 당시 비바람이 몰아치는 날, 노루목 초가집이 지붕나래가 걷어져 방에 비가 새어 소태산 대종사의 온 몸이 흠뻑 적셔지는 사태가 발생 하였어도 아무것도 모르고 입정에 들어 있을 때 이산 대호법이 노루목으로 달려가 지붕나래를 고쳐 주었다.

이와 같이 교분을 갖고 내왕하던 이산 대호법은 소태산 대종사가 깨달음을 얻자 같은 마을 삼산 김기천의 인도로 12살이나 연하인 소태산 대종사의 제자가 되었다.

이산 대호법은 원기 2년 (음) 7월 26일 교단의 최초 통치단인 남자 정수위단을 조직할 때에 감방(坎方)단원으로 임명되어 허례폐지와 미신타파, 금주단연 등으로 저축조합의 자금조성에 심혈을 다하였다.

원기 3년 (음) 4월 간석지 방언공사가 시작 되었을 때 이산 대호법은 동지들과 함께 흙짐을 저 나르고 삽질을 하는 등 온갖 어려운 일을 하면서도 일호의 사심 없이 모든 난관을 감수하며 정성을 다 바쳤다.

또한 이산 대호법은 원기 4년 (음) 3월 26일부터 소태산 대종사의 지도를 받으며 단원들과 함께 창생을 구원할 새 회상 창립을 위하여 혈심으로 기도하였고 마침내 사무여한의 대 서원을 올림으로써 천지신명의 감응을 얻어 백지혈인을 나투었다. 이때 소태산 대종사로부터 세계 공명으로 봉수 받은 법명이 순순(旬旬), 법호는 이산(二山)이며 본명은 인명(仁明)이다.

그 후 이산 대호법은 전무출신을 단행하지는 못했으나 거진출진으로 회상의 발전에 협력하였다.

소태산 대종사는 총부에서 영산에 내려갔다가 이산 대호법에게 정정(定靜)을 얻는 외정정과 내정정의 두 가지 길과 관련해 재가공부(在家工夫)하는 법을 지도하였다.

재가로서 영광 천정리에서 생활하면서 교단발전에 정성을 다하던 이산 대호법은 소태산 대종사가 원기 28년에 열반하자 총부로 달려와 스승을 잃은 슬픔을 함께 나누고 최초 9인 제자 중 생존해 있는 동지들과 기념촬영을 하였다.

이산 대호법은 원기 30년 11월 28일, 67세로 영광 천정리 자택에서 열반하였다.

◆ 새겨보는 문제 ◆

㈎ 이산 대호법은 소태산 대종사와 민어 □□로 유명한 신안군 □□섬으로 장사를 같이 다녀와 소태산 대종사의 가정에 어려움을 면하도록 하였다.

㈏ 소태산 대종사가 탈이섬으로 장사를 갈 때 일행은 이산 대호법, 칠산 □□, 사타원 이□□이었다.

㈐ 이산 대호법은 원기 □년 교단의 최초 통치단인 남자 □□□단이 조직될 때 □□(坎方)단원으로 임명되었다.

3 삼산 김기천 종사

 소태산 대종사의 최초 9인 제자 가운데 한 사람인 삼산 김기천(三山 金幾千) 종사는 지혜가 출중하고 겸하여 수양력이 풍부하며 계행이 청정하여 만인으로부터 존모를 받았고, 소태산 대종사로부터 '시비를 초월하고 희로애락에 끌리지 않는 부처'라는 극찬을 받았다.

 삼산종사는 외관상으로 훌륭한 용모를 타고 났을 뿐 아니라 내적인 면에서도 인격·지식·덕행을 두루 갖춘 훌륭한 대 공심가요, 원만한 지도자였다.

 삼산종사가 39세 되던 원기 13년 가을, 하루는 소태산 대종사가 강당(현 구 종법실)에 법좌를 차리라 하고 종을 쳐 대중을 불러 모은 뒤 말씀하였다.

 "수도하는 사람이 견성을 하려는 것은 성품의 본래자리를 알아, 그와 같이 결함 없게 심신을 사용하여 원만한 부처를 이루는 데에 그 목적이 있나니, 이는 목수가 목수노릇을 잘하려면 잣대가 있어야 하고, 용이 승천하려면 여의주(如意珠)를 얻어야 하는 것과 같다. 견성을 하려면 성리공부를 하여야 하나니, 성리는 내가 손을 내놔라 하면 손을 내놔야지 발을 내면 안 되는 것이다. 이제 내가 그대들에게 성리를 물어야겠다."

소태산 대종사는 의두요목을 하나씩 놓고 제자들에게 물었다. 제자들이 번번이 대답은 하나 나중까지 대답한 사람은 삼산종사 뿐이었다.

삼산종사가 답하는 것을 들은 소태산 대종사는 흡족한 웃음을 머금고 말씀하였다.

"오늘 내가 비몽사몽간에 여의주를 삼산에게 주었더니 받아먹고 즉시 환골탈태하는 것을 보았는데, 실지로 삼산의 성리 설하는 것을 들으니 정신이 상쾌하다."

이때 소태산 대종사가 삼산종사에게 새 회상이 생긴 이래 최초로 견성인가(見性認可)를 내렸다. 삼산종사는 대중의 찬탄을 받으며 우뢰와 같은 박수 속에 견성인가를 받았다. 이에 이청춘 등 몇몇 여인들은 벌떡 일어나 '우리 회상에 견성도인이 나셨다' 며 덩실덩실 춤을 추어 분위기가 극에 달하였다.

삼산종사는 1890년 2월 5일, 전라남도 영광군 백수면 천정리에서 부친 김다유(金多有) 선생과 모친 김대유(金大有) 여사의 1남 2녀 중 둘째로 태어났다.

15세시 씨타원 김순천(氏陀圓 金順天)과 결혼하였고, 한문에 밝아 17세에 근동 아이들을 가르치는 서당훈장이 되었다.

소태산 대종사와 근동에 사는 관계로 소태산 대종사 대각(大覺) 전부터 지면이 있던 삼산종사는 팔산 김광선의 인도로 소태산 대종사께 귀의하였으며, 최초 남자 정수위단을 조직할 때에 간방(艮方) 단원이 되어 저축조합, 방언공사, 법인기도 등 새 회상 창업에 적극 동참하였다. 이때 소태산 대종사로부터 봉수 받은 법명이 기천(幾千), 법호는 삼산(三山)이며 본명은 성구(聖久)이다.

원기 9년부터 영광지부 살림을 전담하여 내치외무에 전력하며 만 4년간 서무부장 겸 초대 지부장으로 근무하였다.

원기 13년 부터 익산총부 서무부장으로 2년간 근무하였고, 원기 15년에는 총부 교무부장으로 근무하던 이듬해에 총부선원의 교무가 되어 해박한 지식과 명철한 지혜로써 선원들을 일깨웠다.

견성인가를 받은 이후 많은 후진들의 질의와 요청에 의해 초학자들에게 교리에 바탕 한 효과적인 한문공부를 위해 《철자집》을 저술하였고, 그 이후 가사조의 글을 많이 발표하였다.

원기 18년에는 교리 전반에 걸쳐 읊조린 장시 '교리

송'을 발표하였고 '사은 찬송가'에 이어 '심월송' 등을 남겼다.

　삼산종사 43세 되던 원기 17년에는 경상도 최초의 교당인 부산 하단교당이 창설되자 교무로 임명되었다. 초창이라 가옥과 장소가 협착할 뿐 아니라 이해 없는 자들의 비평도 많았으며 여러 가지 역경이 속출하였다. 그러나 삼산종사는 수양력으로 능히 이를 초월하여 자기 할 일만 충실하였다. 그 속에서 처음에는 반대하던 사람들도 차차 이해가 생겨나고 정법으로 훈련받은 사람도 따라서 늘어나 교당의 토대는 점점 견고해졌다.
　원기 17년에는 부산 시내인 남부민동에 삼산종사의 노력으로 남부민교당(현 부산교당)을 설치할 수 있게 되었다.
　삼산종사는 회원들의 훈련과 지방발전에 노력하며 야학을 실시하여 지역사회 어려운 아동들의 문맹을 퇴치시키는 등 순일 무사한 정성으로 교화발전에 헌신하였다.
　원기 20년에는 삼산종사의 교화에 힘입어 정법을 이해하는 사람들이 많아졌고 초량 등지에서도 많은 사람들이 입교하여 부산지방에 큰 발전을 이룩할 수 있는 전망이 보였다.
　부산에서 교화에 전념하던 삼산종사는 원기 20년 8월 중순 우연히 장티푸스에 감염되어 각처 동지의 지성기원과 백방의 치료에도 불구하고 마침내 회생을 하지 못하고 9월 6일, 하단교당에서 46세를 일기로 열반에 들었다.

그 당시 소태산 대종사는 서울에 머물며 두 번째 금강산 여행을 준비하던 중 삼산종사가 위독하다는 소식을 듣고 총부로 환가하고 일산 이재철을 문병 차 부산으로 급파하는 한편 대중과 더불어 완쾌를 기원하였다. 그러나 열반의 비보를 받고서 "김기천은 나를 만난 지 18년에 일호의 사심도 내지 않은 정진불퇴의 전무출신이요, 오직 희유(希有)의 공로자라, 가는 기천이도 섭섭하거니와 우리의 한 팔을 잃었다.…"라며 말을 마치지 못하고 통곡하였다.

◆ 새겨보는 문제 ◆

㈎ 소태산 대종사는 원기 13년 삼산종사에게 새 회상 최초로 □□인가를 내렸다.

㈏ 삼산종사는 초학자들의 □□공부를 위해 《□□집》을 저술하고, '교리송', '사은 □□가', '□□송' 등을 남겼다.

㈐ 원기 17년에 경상도 최초의 교당인 부산 □□교당이 창설되자 교무로 부임하여 교화하였다.

4 사산 오창건 대봉도

소태산 대종사의 최초 9인 제자 가운데 한 사람인 사산 오창건(四山 吳昌建) 대봉도는 **교단 창업기 공심의 표준적 인물**이었다. 방언공사 중 흙을 져 나르고 떼 짐을 지는 등 고된 일로 힘이 들어도 소태산 대종사가 "자 시작하자"하면 맨 먼저 일어나 다시 일을 시작하는 사람이 사산 대봉도였다.

사산 대봉도는 공중사라면 자신의 신명을 아끼지 않았고 공금을 지극히 아끼었으며, **소태산 대종사의 경제적 보좌 역할을 한 혈심제자**였다.

사산 대봉도는 1887년 10월 17일, 전라남도 영광군 백수면 학산리에서 부친 오윤안(吳允安) 선생과 모친 김중풍(金中風) 여사의 3남매 중 장남으로 태어났다.

집안 대대로 불교를 믿어 왔으며 특히 부친은 불심이 장하여 동네 근방에 있는 대절산에 초당을 지어 수양을 하기도 하였다.

사산 대봉도는 12세시에 한문사숙에 입학하여 4,5년간 수학하였고, 성년이 되어서는 약간의 전수받은 재산으로 가사에 전력하면서 당시 일대에 만연되어 오던 태을교(太乙敎)에 뜻을 두고 열심히 신봉하였다.

사산 대봉도는 일찍이 소태산 대종사와 십 여리 떨어진 마을에 살았으므로 서로 잘 아는 사이였다. 소태산 대종사가 깨달음을 얻자 팔산 김광선에게 소식을 듣고 스스로 찾아와 소태산 대종사의 제자가 되었다.

원기 2년 (음) 7월 소태산 대종사가 최초의 남자 정수위단을 조직할 때에 사산 대봉도는 진방(震方)단원으로 임명되었으며, 공석 중이던 중앙단원의 대리임무도 맡아 절약절식, 금주단연, 주경야독으로 교단 초창의 기초사업에 혈심혈성을 기울였다.

원기 3년 32세시에는 방언공사와 옥녀봉 아래 구간도실 건축에 단원들과 힘을 합쳐 힘든 흙 지게를 기쁘게 졌다.

원기 4년에는 8인 단원들과 함께 창생을 위한 정성스런 기도로 마침내 백지혈인의 법인성사를 나투어 이때 **소태산 대종사로부터 봉수 받은 법명이 창건(昌建), 법호는 사산(四山)**이며 본명은 재겸(在謙)이다.

사산 대봉도는 원기 4년 (음) 3월 소태산 대종사가 새 회상 창립의 준비를 위한 휴양처를 물색하기 위해 변산 월명암에 1차로 가 10여 일 머물 때 모시고 갔으며, 그해 (음) 10월, 변산에 입산할 때에도 소태산 대종사를 모시고 가 정산종사와 함께 월명암 옆 쌍선봉(雙仙峰)에서 법인기도를 해제하였다.

소태산 대종사가 변산, 만덕산, 내장산 등을 다니는 때에는 항상 사산 대봉도가 멀고 험한 길을 막론하고 식량을 지고 다니며 시봉하였다.

사산 대봉도는 키가 크고 기골이 호걸다웠고 기력이 장하였으며, 모습이 소태산 대종사와 비슷하여 뒤에서 얼핏 보면 소태산 대종사와 구별하기 어려울 정도로 닮아 '작은 대종사'라고도 불리웠으며, 소태산 대종사의 의복이 몸에 맞아 물려받아 입기도 했다.

사산 대봉도는 천성이 쾌활 인자하고 다정다감하여 사람을 대함에 감화력이 풍부하였다. 그리하여 전무출신 남녀 동지들은 마치 세정을 잘 아는 어머니와 같이 따르고 심지어 여자동지들은 사산 대봉도를 '언니'라 부르며 국한 없이 따랐다.

사산 대봉도는 소태산 대종사를 가까이서 시봉하였기 때문에 소태산 대종사의 교중사(敎中事) 감독하는 것을 많이 보아 그 처사법을 따라 교중사 감독에 능하였다.

그중에서도 건축 감독을 많이 하여 지방교당을 건축할 때는 사산 대봉도가 주로 감독하였다. 특히 서울교당 건축 시에는 몸소 노동일을 하였으며, 초량교당 건축 시에는 폭풍우 속에서 밤을 세워가며 교당을 지켰다.

원기 18년에 사산 대봉도가 서울교당 건축위원으로 상경하였고, 얼마 후에는 소태산 대종사가 상경하였다. 서울교당 신축공사가 한창 진행 중일 때 소태산 대종사 서울교당 교무인 이완철에게 짐을 지고 서울역까지 가자하였다.

이완철이 "제가 지금 교당 건축관계로 십여 명의 인부를 부리고 있을뿐더러 교무의 위신상으로도 난처하나이다"하니 소태산 대종사 그 짐을 사산 대봉도에게 지우시고 다녀왔다.

사산 대봉도는 한번 소태산 대종사께 바친 신심은 일호의 사심이 없었으며, 서있는 곳이 비록 **진흙땅이라 하더라도 소태산 대종사를 뵈옵기만 하면 그 자리에서 오체투지로 엎드려 지극히 공손한 예를** 올렸다.

소태산 대종사 열반 후 원기 33년에 사산 대봉도의 발기로 변산 석두암을 중수하고 어느 날 후배 동지들과 함께 찾았다.

봉래정사 어귀에 이르자 사산 대봉도가 "종사님! 종사님! 창건이가 왔습니다"라고 눈물을 흘리며 외쳤다. 동행하던 후진들은 자신들의 신성을 새롭게 다지는 계기가 되었다.

사산 대봉도는 영산 서무부장, 총부 서무부장 등을 오래 맡아 초창기 어려운 교단 살림을 알뜰히 보살폈으며, 전주·원평교당 교무로 일선교화에도 참여하였고 총부 예감·감찰원장 등을 역임하는 등 28년간 총부, 영광, 원평 등지에서 교단창업에 헌신하였다.

공사를 위해 몸을 잊은 무서운 공심가요, 향내 나는 전무출신이었던 사산 대봉도는 원기 38년 1월 23일, 66세로 열반하였다.

◆ 새겨보는 문제 ◆

(가) 소태산 대종사가 변산, □□산, 내장산 등을 다니는 때에는 사산 대봉도가 □□을 지고 다니며 시봉하였다.

(나) 사산 대봉도는 교중사 감독에 능하여 □□교당, 초량교당, 개성교당 등 지방교당을 □□할 때는 주로 감독하였다.

(다) 사산 대봉도는 소태산 대종사께 바친 신성은 □□땅이라 하더라도 오체□□로 지극히 공손한 예를 올렸다.

5 오산 박세철 대봉도

소태산 대종사의 최초 9인 제자 가운데 한 사람인 오산 박세철(五山 朴世喆) 대봉도는 1879년 1월 16일, 전라남도 영광군 백수면 천정리에서 부친 박다여(朴多汝) 선생과 모친 노(盧)씨의 2남 중 차남으로 태어났다.

15세 때에 당숙(堂叔)인 군서(君瑞)에게 양자로 간 후 농업에 종사하며 가정을 돌보던 중 소태산 대종사가 깨달음을 이루자, 칠산 유건의 인도로 집안 아저씨 되는 소태산 대종사를 찾아와 사제지의를 맺고 원기 2년 (음) 7월 **최초 남자 정수위단을 조직할 때에 손방(巽方)단원**으로 임명되었다.

원기 3년 방언공사가 시작되자, 오산 대봉도는 매양 선두에서 심혈을 다해 일하면서도 공은 언제나 타인에게 양보하였기 때문에 그의 주위에는 언제나 덕화의 기운이 연하였고, 얼굴에는 기쁨의 미소가 항상 넘쳐흐르고 있었다. 그리하여 종전에 병으로 신음하던 몸이 약을 쓰지 않고 완치가 되어 건강을 회복하게 되었다.

오산 대봉도는 원기 4년 소태산 대종사의 지도로 8인 단원과 더불어 창생의 구원을 위해 기도하였고, 마침내 생명희생의 대서원을 올림으로써 천지신명이 감응하여 백지혈인을 나투었다. 이때 소태산 대종사로부터 봉수 받은 법명이 세철(世喆), 법호가 오산(五山)이며 본명은 경문(京文)이다.

원기 4년 겨울 오산 대봉도는 소태산 대종사의 변산 행가 시 배종할 때 험한 산길에 고생이 심했으나 소태산 대종사를 모시는 기쁨으로 충만하였다.

그 후 오산 대봉도는 소태산 대종사의 명에 의하여 영산으로 돌아와 옥녀봉 아래 구간도실의 수호책임을 맡아 정성을 다하였으며, 원기 6년 43세시에는 수년간 다소 저축하였던 금액 전부를 본교 기성조합에 희사하였다.

원기 10년 47세 되던 2월에는 우연히 내종병(內腫病)에 걸려 크게 위경을 맞았으나 양의(良醫)의 치료로 차효가 있음에 출가하기 좋은 시기라 생각하고 익산총부로 나와 전무출신 하였다.

원기 11년 소태산 대종사 사가가 전라북도 임실에서 잠시 머문 적이 있었다. 이때 오산 대봉도는 팔산 김광선과 함께 가사 전반을 돌봐 주기도 하였으나 그해 6월부터 다시 전일의 병이 재발하여 그곳에서 한 달 가까이 신음하다가 7월에는 부득이 영산 자택으로 귀가하여 백방으로 치료에 노력하였으나 효과를 보지 못하고 점점 병이 깊어졌다.

오산 대봉도는 자신의 병세가 심상치 않음을 짐작하고 자녀 손들을 불러 앉히고는 "나의 심신은 공중에 바친 지 이미 오래 되었으니 너희는 나를 사가 사람으로 알지 말고 사후에도 교중의 지시를 받아 초상절차도 신정예법에 의하여 집행하여 주기 바란다"고 유언하였다.

또한 임종을 지켜보는 정산종사와 삼산 김기천의 손을 꼭 잡고 비창(悲愴)한 어조로 "불초제(不肖弟)는 스승님과 형님들을 길이 모시지 못하고 먼저 가게 되어 죄송하옵니다. 형님들께서는 부디 오래 사시어 공부사업을 잘 하시와 인도정의의 기초를 확립하시고 세계문명의 선구자가 되어 주시며, 불초제의 앞길을 선도하여 주시기 바랍니다"라고 최후를 부탁한 후 최초의 9인 제자 중 가장 먼저 원기 11년 9월 6일, 48세로 열반하였다.

오산 대봉도는 9인 제자 가운데 키가 제일 작았으며, 체질이 약하고 건강이 좋지 않아 큰 힘을 쓸 수는 없었다. 그러나 천성이 선량하고 겸양하여 무슨 일이나 하기 어려운 일은 스스로 담당하는 특성을 가졌다.

오산 대봉도는 언제나 남이 하기 어려운 일을 앞장서고 도맡아서 스스로 한 일에 대해 조금도 장하다는 생각을 갖지 않는 무상도인 이었다.

방언공사 때에는 9인 제자 가운데 40세로 최고 연장자였으나 건강이 약하고 힘이 부족해 직접 흙짐을 짊어지기가 어려우므로 밥 심부름, 물 심부름을 비롯, 모든 잔심부름을 연하인 동지가 시키더라도 조금도 싫어하지 않고 그것이 방언공사 하는데 자신의 소임으로 알고했다.

당시 외부 인사들은 소태산 대종사의 9인 제자 중 오산 대봉도가 인물이나 사회적 지위에 있어서 제일 뒤떨어졌다고 평했다.

그러나 소태산 대종사는 그의 위대한 천품과 훌륭한 특징을 인정하여 오산 대봉도를 "어느 국왕이나 유명한 재상과도 바꾸지 않으며 조선총독과도 바꾸지 않겠다"고 했다. 밖으로 나타난 외모야 당연히 저 조선총독보다 못하지만 안으로 상없는 마음과 그 희생적 보살행은 조선총독과 비교할 수 없는 뛰어난 인물이라고 평가한 것이다.

◆ 새겨보는 문제 ◆

㈎ 오산 대봉도는 방언공사를 하면서도 얼굴에는 □□의 미소가 항상 넘쳐 흘렸다. 종전에 □으로 신음하던 몸이 □을 쓰지 않고 완치가 되었다.

㈏ 오산 대봉도는 "나의 사후에는 교중의 지시를 받아 초상절차도 □□예법에 의하여 집행하여 주기 바란다"고 □□하였다.

㈐ 소태산 대종사는 오산 대봉도를 "어느 국왕이나 유명한 □□과도 바꾸지 않으며 조선□□과도 바꾸지 않겠다"고 했다.

6 육산 박동국 대호법

후천개벽의 주세불이신 **소태산 대종사의 친아우로서 최초 9인 제자 가운데 한 사람**으로 동참했던 육산 박동국(六山 朴東局) 대호법은 1897년 1월 18일, 전라남도 영광군 백수면 길룡리에서 부친 회산 박회경(晦山 朴晦傾) 대희사와 모친 정타원 유정천(定陀圓 劉定天) 대희사의 4남 2녀 중 사남으로 태어났다.

육산 대호법은 일찍이 한문사숙에서 수학하였으며, 당숙(堂叔)인 세규(世圭)에게 양자로 가서 가사에 조력하던 중 형이 깨달음을 얻자 제자가 되었다. 육산 대호법은 천성이 강직하였으며 기품이 호협하고 용모는 형인 소태산 대종사와 닮았다. 원기 2년 (음) 7월 **최초 남자 정수위단을 조직할 때에 이방(離方)단원**으로 임명되어 저축조합운동, 방언공사, 법인기도 등에 동참하였다.

원기 4년 법인성사를 이룬 후 소태산 대종사로부터 봉수 받은 법명이 동국(東局), 법호는 육산(六山)이며 본명은 한석(漢碩)이다.

법인기도를 마친 후에도 육산 대호법은 정신·육신·물질로 대도회상 창립에 힘껏 노력하였고 영광읍 연성리에 살며 가정 사정으로 인하여 전무출신을 하지 못했다.

육산 대호법은 비록 재가에 머물러 지냈지만 양자로 간 상황에서 소태산 대종사를 대신하여 모친을 직접 시봉했으며, 모친의 환후 중에는 형인 소태산 대종사를 대신하여 시탕함으로써 소태산 대종사가 안심하고 새 회상 창건에 전념할 수 있도록 하여 공사에 큰 도움을 주었다.

모친 시탕과 관련된 법문이 〈대종경〉 인도품 49장이 되었다.

대종사 봉래정사에서 모친 환후의 소식을 들으시고 급거히 영광 본가에 가시사 시탕하시다가 아우 동국에게 이르시기를 "도덕을 밝힌다는 나로서 모친의 병환을 어찌 불고하리요마는, 나의 현재 사정이 시탕을 마음껏 하지 못하게 된 것은 너도 아는바와 같이 나를 따라 배우기를 원하는 사람이 벌써 많은 수에 이르러 나 한 사람이 돌보지 아니하면 그들의 전도에 지장이 있을 것이요, 이제까지 하여 온 모든 사업도 큰 지장이 많을 것이니, 너는 나를 대신하여 모친 시탕을 정성껏 하라, 그러하면 나도 불효의 허물을 만일이라도 벗을 수 있을 것이요, 너도 이 사업에 큰 창립주가 될 것이다"하시고, 또한 모친에게 위로하시기를 "인간의 생사는 다 천명(天命)이 있는 것이오니 모친께서는 안심하시고 항상 일심 청정의 진경에 주하시옵소서"하시고 강연히 그곳을 떠나 정사로 돌아오시어 제도사업에 전심하시니라.

육산 대호법은 그 후 계속하여 가사에 종사하다가 한국전쟁 때인 원기 35년 10월 4일, 54세로 영산에서 열반하였다.

◆ 새겨보는 문제 ◆

(가) 육산 대호법은 소태산 대종사의 친□□로서 최초 9인 제자 가운데 한 사람으로 동참했던 박□□이다.

(나) 육산 대호법은 최초로 남자 정□□단을 조직할 때에 이방(離方)단원이 되어 저축조합운동, 방언공사, □□기도 등에 동참하였다.

(다) 육산 대호법은 법인기도 후 재가에 머물며 □□로 간 상황에서 □□을 직접 시봉하였다.

칠산 유건 대호법

 소태산 대종사의 최초 9인 제자 가운데 한 사람인 칠산 유건(七山 劉巾) 대호법은 1880년 11월 11일, 전라남도 영광군 백수면 길룡리에서 부친 유호일(劉浩一) 선생과 모친 이씨의 2남 2녀 중 차남으로 태어났다.

 칠산 대호법은 어려서부터 천성이 강직하였으며 지혜와 용단력이 출중하였다. 일찍이 동학(東學)에 입문하여 득도묘술(得道妙術)에만 발원하다가 결국 그것이 실없음을 깨닫고 32세 때에 그만 두었다.

 소태산 대종사 깨달음을 이루자 소태산 대종사보다 11세나 연상이요, 외숙임에도 불구하고 칠산 대호법은 소태산 대종사의 덕화에 감동하고 대도회상 창립취지에 찬동하여 제자 될 것을 서원하고 생질(甥姪)되는 소태산 대종사께 귀의하여 사제지의를 맺었다.

처음에는 생질 되는 소태산 대종사를 '스승님'이라고 부르기가 어색하기도 하였지만 차차 신성이 깊어감에 따라 추호의 계교심 없이 독실한 신성으로 소태산 대종사를 받들었다.

칠산 대호법은 소태산 대종사 앞에 앉을 때에는 반드시 무릎을 꿇고 앉았으며, 꼭 '종사님'이라 불렀다. 혹 주위 사람들이 묻기를 "생질을 스승님으로 모시기가 어색하지 않느냐?"고 하면 "육신은 생질이지만 법은 지존(至尊)의 스승님이시다"고 하여 조그마한 일이라도 제자의 도리에 어긋나는 일이 없었다.

칠산 대호법은 원기 2년 (음) 7월 최초 남자 정수위단을 조직할 때에 곤방(坤方)단원으로 저축조합, 방언공사, 법인기도 등 새 회상 창립에 공헌하였다.

법인성사를 이룬 후 소태산 대종사로부터 봉수 받은 법명이 건(巾), 법호는 칠산(七山)이며 본명은 성국(成國)이다.

칠산 대호법은 키가 크고 기상이 당당하며 특히 기력이 장하여 방언공사 때에는 힘든 일을 도맡아 하였고, 법인기도 때에도 가장 멀고 험한 기도봉을 다녔다.

원기 4년 (음) 3월 방언공사를 마친 후 준공기념비를 건립하려 했으나 돈이 없어 칠산 대호법의 발의로 자연석에 시멘트 판을 만들어 거기에다 소태산 대종사와 8인 단원의 이름과 공사의 시작과 마침을 새겼다.

새 회상 최초의 금석(金石) 기념물인 정관평(貞觀坪) 준공기념비 속칭 '방언조합 제명바위'가 바로 그것이다. 이 제명바위는 정관평 방언답이 한눈에 바라보이는 옥녀봉 동쪽 중턱에 위치해 있다.

가히 맨주먹으로 바다를 막아 그 거창한 사업을 이뤄놓은 조합원들 중 한 사람이 "우리가 이 거창한 사업을 끝냈으니 그 기념으로 비석이나 하나 세워두자"는 의견을 내었고, 조합원 전원이 일제히 찬성, 소태산 대종사께 진언하여 허락을 얻었다. 그러나 비석을 세울 여력이 부족한 상태에서 칠산 대호법이 "저 바위에 양회(洋灰, 시멘트)를 바르고 거기에 제명을 해두면 백년은 갈 것 아니냐"는 의견에 모두 찬성하여 그래서 제명바위가 만들어졌다.

방언공사와 법인기도를 마친 후 칠산 대호법은 전무출신의 길에 나서지 않고 영광 사가(소태산 대종사 탄생가)에 계속 머물면서 가사에 주력하며 거진출진(居塵出塵)으로서 새 회상 발전에 조력하며 32년간을 지냈다. 원기 42년 78세시에는 후진들의 간절한 청을 받아들여 총부 옆 중앙수양원으로 와 만년 수양에 힘쓰다가 원기 48년 2월 22일, 83세로 9인 선진 가운데 마지막으로 열반하였다.

칠산 대호법이 열반하자 대산종사는 칠산 대호법의 심법상 위대한 점을 말했다.

첫째, 사가로 돌아간 후 아들이 병으로 누워있어 생활이 극도로 곤궁하였으나 땔나무하러 산에 다닐 때 남들은 다 교중(敎中) 산에서 나무를 베고 야단이지마는 칠산 대호법은 손자를 데리고 교중 산을 넘어 10리, 20리 다니며 땔나무 한 점이요.

둘째, 9인 선진이었으나 후진에게도 법으로 대하여 조금도 9인 선진 가운데 한 분이라는 상(相)이 없었던 점이요.

셋째, 영산 재 방언공사 때 품팔이와 땅 떼기를 하므로 "일은 그만 두고 감독만 하시더라도 노임을 드리겠으니 그리하시라"고 해도 "과거에 칠산이지, 지금도 칠산이냐"고 하면서 일체를 마다하고 그대로 손자와 땅 떼기 한 점 등이다. 그 어른의 회상을 위하는 마음과 심법이 이와 같았다.

◆ 새겨보는 문제 ◆

(가) 칠산 대호법은 소태산 대종사보다 □□세나 연상이요, 외숙임에도 소태산 대종사께 귀의하여 □□지의를 맺었다.

(나) 소태산 대종사 앞에 앉을 때에는 반드시 □□을 꿇고 앉았으며, 꼭 '□□님'이라 불렀다.

(다) 칠산 대호법은 원기 □□년 2월 22일, 83세로 □인 선진 가운데 마지막으로 열반하였다.

팔산 김광선 대봉도

소태산 대종사의 첫 제자이며 최초 9인 제자 가운데 한 사람이었던 팔산 김광선(八山 金光旋) 대봉도는 1879년 9월 6일, 전라남도 영광군 백수면 길룡리에서 부친 김응오(金應五) 선생과 모친 강씨(姜氏)의 3남매 중 차남으로 태어났다. 어려서 숙부 응칠(應七)에게 양자로가 양모인 조연풍의 극진한 사랑을 받으며 자랐다.

팔산 대봉도는 10세 때부터 한문사숙하고, 17세 때에는 길룡리 와탄천 건너 **마촌(馬村) 산중에 들어가 천막을 치고 주문과 심축을 드리며 1년 동안 음양복술 공부**를 하였다.

18세부터 가계를 돕기 위하여 농사도 짓고 혹은 상업도 경영하였으며, 31세부터 3년간은 광산 김씨(光山 金氏) 문중의 대동보를 꾸미었다.

팔산 대봉도는 세상 모르고 입정삼매에 있는 소태산 대종사의 지극히 간구한 생활을 보고 우연히 남다른 동정심이 발하여 가끔 찾아가 식사도 제공하는 등 물질적 살림을 보조하였다. 또한 공부하는 비용을 후원하여 고창 연화봉 등을 동반하며 공부하기도 하였다.

팔산 대봉도가 38세 되던 해에 소태산 대종사가 깨달음을 얻어 그 동안 피골상접(皮骨相接)하던 몸이 다시 혈육 충만하고 용모의 모습이 일월같이 명랑 원만해 지는 것을 접하고 심중에 깊이 감동되었다. 그리하여 호형호제(呼兄呼弟)하던 12살 아래 소태산 대종사의 첫 제자가 되었다.

팔산 대봉도는 소태산 대종사와 사제지의를 맺은 이후로는 수도생활에 전념하기로 결심하고 세상사를 청산하기 위하여 채무자에게 수금할 3천여 원의 채권증서를 스스로 모두 소각해 버린 후 빌려준 돈도 전부 탕감해 주어 놀라게 하였다.

또한 소태산 대종사가 깨달음을 얻은 후 종종 허물없는 팔산 대봉도를 불러 '붓을 잡으라' 명하여 친히 문구(文句)와 시가(詩歌) 등을 불러주며 수필편집(受筆編集)을 하게 하였다. 그 책이 《법의대전(法義大全)》, 《백일소(白日蕭)》, 《심적편(心迹篇)》 등 이었다. 그러나 이러한 책들은 후일 "그 책들로 말하면 일시적 발심조흥(發心助興)은 될지언정 사람들을 지도하는 정식 교과서는 못될 것"이라는 소태산 대종사의 뜻에 따라 소각되었다.

팔산 대봉도는 원기 2년 (음) 7월 최초 남자 정수위단을 조직할 때에 태방(兌方)단원으로 임명되었다.

팔산 대봉도는 방언공사 당시에 키가 크고 건강한 몸으로 8인 단원 중 으뜸가는 기력을 가졌고 가정 형편도 제일 넉넉한 편이어서 정신·육신·물질 삼방면으로 솔선수범하였다.

어느 때에는 제방에 뚫린 구멍으로 바닷물이 들어오는 것을 보고 그것을 막으려고 애를 태우다가 뜻대로 되지 않자 '인력으로 저 구멍을 막지 못한다면 내 육신으로 막겠노라' 하고 사지(死地)를 평지(平地)같이 뛰어들어 막았다.

팔산 대봉도는 방언공사를 마친 후 법인기도에 동참, 법인성사를 이루고 소태산 대종사로부터 봉수 받은 법명이 광선(光旋), 법호는 팔산(八山)이며 본명은 성섭(成燮)이다.

이어 원기 8년까지 방언답을 관리하며 영산성지의 일을 돌보면서 공사에 힘쓰던 중 당시 소태산 대종사와 백학명 선사의 뜻에 따라 정읍 내장사에 가서 잠시 머문 것이 본격적인 출가수도가 되었다.

원기 9년 46세에는 이리 송학리 박원석의 집에서 사산 오창건·도산 이동안 등과 더불어 농사를 지었고, 익산총부 건설 당시 엿 장사 등을 하였으며, 원기 10년에는 농업부의 부원으로 활동하였다.

원기 17년에는 마령교당 교무로 부임하여 창설초의 빈한한 교당이라 유지대책이 없었다. 팔산 대봉도는 부임하여 주경야독으로 바로 교리훈련을 시키는 한편 친히 전답개간, 수박재배, 과수원 경영 등에 노력을 기울여 근무 3년 만에 논 4두락을 매입하여 마령교당의 토대를 세우는가 하면 선진농법을 지역사회에 전했다.

팔산 대봉도는 원기 22년 4월, 59세시에 우연히 소화불량증으로 건강이 좋지 못하여 부득이 원평교당 교무를 사임하고 익산총부로 귀관하여 잠시 휴양하며 치료에 전력하였다. 그해 8월 교단 정기간행물인 〈회보(會報)〉에 '학이불능(學而不能)'이라는 글을 발표, 스승인 소태산 대종사를 높이 찬양하였다.

학이불능의 내용은 팔산 대봉도가 옛날 증자의 문하생인 공명선의 배움의 태도에 관한 《소학(小學)》의 일절을 인용한 후 소태산 대종사의 위대한 점을 ① 순일하신 공심 ② 일관하신 성의 ③ 위대하신 포용력 등 3가지로 요약하였다.

원기 23년, 60세시에는 총부 순교무로 임명을 받아 각지를 순회하다 영산교당에 내려갔다. 그러나 7월부터 병이 재발하여 그

곳 동지들과 가족들이 온갖 정성을 다 바쳐 노력하였으나 회복하지 못하고 원기 24년 2월 21일, 영산교당에서 61세로 열반하였다.

　중앙총부에서 팔산 대봉도의 열반 소식을 접한 소태산 대종사는 눈물을 보이며 비통해 하는 가운데 대각전에서 열반식을 거행케 한 후 법상에 올라 팔산 대봉도의 영혼천도를 위하여 '생사거래와 업보멸도' 란 내용의 법문(〈대종경〉 천도품 28장)을 설했다.

◆ 새겨보는 문제 ◆

㈎ 팔산 대봉도는 소태산 대종사의 구도당시 □□적으로 보조하고 고창 □□봉 등에 동반하여 공부했다.

㈏ 팔산 대봉도는 소태산 대종사가 깨달음을 이루자 호□호□하던 12살 아래 소태산 대종사의 □ 제자가 되었다.

㈐ 소태산 대종사가는 팔산 대봉도에게 문구와 시가 등을 불러주어 □□편집을 하게한 것이 《법의□□》,《백일소》,《심적편》 등이다.

Ⅲ 일타원에서 십타원까지

1. 일타원 박사시화 대봉도
2. 이타원 장적조 대봉도
3. 삼타원 최도화 대호법
4. 사타원 이원화 대봉도
5. 오타원 이청춘 대봉도
6. 육타원 이동진화 종사
7. 칠타원 정세월 정사
8. 팔타원 황정신행 종사
9. 구타원 이공주 종사
10. 십타원 양하운 대호법

소태산 대종사는 인생의 요도 사요(四要) 중 첫째 조목을 남녀권리동일이라 하였다. 이는 당시 남녀차별제도를 극복하고 남녀평등을 실현하자는 것이다. 곧 여자의 자력양성을 의미하는 것으로 남녀권리동일이 자력양성으로 바뀌어 여자들만의 자력양성이 아닌 모든 사람들의 자력양성으로 발전한 것이다.

소태산 대종사는 원기 15년 경성출장소에서 임시 여자 수위단을 처음으로 조직하였다.

단원으로 박사시화, 전삼삼, 장적조, 최도화, 이원화, 이청춘, 이동진화, 양하운, 중앙에 이공주 였다.

이듬해 (음) 2월에 여자 수위단을 조직 할 때 이원화가 빠지고 정세월이 내정되었다.

소태산 대종사는 같은 해 (음) 7월에 《불법연구회 통치조단 규약》을 발간하였다. 통치조단 규약에 '남자는 남자대로 여자는 여자대로 단을 조직하고' 라 하여 남녀 수위단 조직을 명시하였다. 그 후 소태산 대종사는 원기 28년 정식 여자 수위단원을 내정하였다.

단장에 소태산 대종사, 중앙에 구타원 이공주, 단원에 일타원 박사시화, 이타원 장적조, 삼타원 최도화, 사타원 이원화, 오타원 이청춘, 육타원 이동진화, 칠타원 정세월, 팔타원 황정신행이었다.

본장에서는 소태산 대종사의 정토로 정토원훈이 되어 새 회상 건설에 참여하였고, 원기 16년 여자 수위단을 조직할 때 진방(震方)단원으로 내정되었던 십타원 양하운 대호법도 함께하여 일타원에서 십타원까지를 소개한다.

 일타원 박사시화 대봉도

교단 창립기에는 남녀회원 가운데 특별한 신성과 공심을 가지고 공부계나 사업계를 위하여 활동을 하는 사람이 많았다. 그 중에서 비록 재산도 없고 배우지도 못하고 노쇠하나 전문순교로 교화활동에 전심전력하여 많은 사람들을 인도했던 일타원 박사시화, 이타원 장적조, 삼타원 최도화 세 사람에게 당시 대중들은 삼대 여걸이란 칭호를 줌과 동시에 존경해 마지않았다.

  삼대 여걸 중의 한 사람인 일타원 박사시화(一陀圓 朴四時華) 대봉도는 1867년 12월 18일, 전라북도 남원군 남원읍 동충리에서 부친 박규록(朴圭祿) 선생과 모친 이씨의 1남 2녀 중 쌍둥이 자매로 태어났다.

  일타원 대봉도의 쌍둥이 동생은 미타원 박공명선이며, 오빠는 박해산으로 모두 서울교당 창립요인들이다.

18세에는 같은 고을에 사는 이순명과 결혼하였으나 결혼 한지 16년이 되어도 슬하에 일점혈육을 두지 못한 채 부군마저 사별하게 되었다. 그 후 친정 오빠에게 의지하게 되었고 바느질 솜씨가 뛰어나 7년 만에 독립하여 생활하였다. 48세에는 동생과 같이 서울로 이사하여 익숙한 바느질 솜씨가 인연이 되어 도정궁(都正宮) 노대부인의 수양딸이 되었고, 그의 영향을 받아 불연이 깊어져서 불사를 하며 불법승 삼보를 공경 예배하였다.

57세 되던 원기 8년 (음) 9월 경 기차를 타고 구례 화엄사로 가던 중 전주에서 삼타원 최도화를 만나 소태산 대종사에 대한 말씀을 듣고 꼭 한번 뵙기를 발원하였다.

원기 9년 (음) 2월말, 소태산 대종사가 삼타원 최도화의 안내로 당시 정산종사, 추산 서중안, 혜산 전음광 등 3제자를 대동하고 상경하자 소태산 대종사를 뵙고 숙겁의 소원을 이룬 듯 기뻐하며 미타원 박공명선의 딸인 정타원 성성원의 계동(桂洞) 집으로 소태산 대종사를 안내하여 **동생인 박공명선과 함께 귀의하고 전무출신을 서원하여 서울의 첫 제자와 첫 전무출신**이 되었다.

소태산 대종사는 성성원의 집에서 3,4일을 머물며 서울출장소 창립문제로 논의를 거듭한 결과 서중안의 주선으로 (음) 3월 한

·달 동안 경복궁 앞 당주동에 한옥 한 채를 얻어 머물자 일타원 대봉도가 극진히 시봉하며 육타원 이동진화를 인도하고 그 후 구타원 이공주를 비롯, 여러 인연들을 인도하여 서울교화의 효시를 이루었다.

원기 9년 불법연구회 창립총회를 마친 후 (음) 5월 소태산 대종사 진안 만덕산 만덕암에서 한 달간 선(禪)을 날 때 일타원 대봉도는 서울에서 내려와 동참하여 소태산 대종사의 시봉과 대중의 식사공급을 하였다. 깊은 산중이라 모든 것이 궁색하여 항상 찬 없는 공양을 올리게 되므로 그것이 포한(抱恨)이 되어 선을 마치고 만덕산을 나오면서 수십 리 길을 울면서 '이번 길에는 우리 생불님 시봉 잘할 훌륭한 동지를 만나게 하여 주사이다'고 염원하였다.

일타원 대봉도는 익산총부가 건설되자 자기의 소유 기구 등을 가져와 총부 살림을 시작하였다. 또한 서울 등지를 다니면서 떨어진 양말, 헌 양복이며 명태 등을 모아다가 초창 당시의 가난한 살림을 알뜰히 보살폈다. 그러는 중에도 동·하선(冬夏禪) 때에는 매년 반드시 입선했다. 총부에서 선을 날 때에는 대중들의 흙 묻은 신발 깨끗이 씻어 주기, 떨어진 고리짝 예쁘게 발라주기, 새 회우(會友)의 세숫물 떠다 주기, 더러워진 옷 빨아 주기, 휴지를 물에 담가 찢어서 바구니 만들어 주기, 헤어진 이불 누벼 주기 등으로 한시도 그냥 있지 않고 부지런히 일하여 총부 대중들을 친자녀처럼 챙겼다.
　일타원 대봉도는 항상 법열에 넘치는 생활을 하였다.

　소태산 대종사 설법하실 때에는 박사시화·문정규·김남천 등이 백발을 휘날리며 춤을 추고, 전삼삼·최도화·노덕송옥 등은 일어나 무수히 예배를 올려 장내의 공기를 진작시켰다.
　소태산 대종사는 이를 보고 "저 사람들은 춤추고 절하는 책임을 가지고 나온 보살들이라"고(《대종경》 전망품 29장) 하였다.
　일타원 대봉도는 서울·광주·남원 등지를 발 닿지 않은 곳이 없을 정도로 두루 찾아다니며 교직 없는 전문순교로서 교화활동을 펼쳐 **창립 제1대 내에 무려 5백 75명을 귀의시켜 최다 연원자**가 되었다.
　사람들에게 별 이해도 받지 못한 초창기에 마을마다 집집마다 지성으로 찾아다니며 때로는 장사 취급을 당하고, 때로는 어서 가라고 여비까지 주는 창피며, 또는 없다고 피하기까지 하는 멸시를 받으면서도 기어코 입교시키고야 말았다.
　광주 고외과병원 집을 문턱이 닳도록 자주 드나들며, 빨래를 하면 빨래를 해주고, 무슨 일이든지 제 집안일처럼 해주니 그렇게 자주 찾아오는 것이 싫지가 않고 오히려 기다려지기도 했다 한다. 그리하여 고씨 집안으로부터 두터운 신임을 얻게 되어 고씨 문중은 어린아이까지 다 입교하게 되었을 뿐 아니라, 입교금 받기가 곤란한 사람은 고씨 집에서 입교금을 대신 주어서 많은 사람을 입교시켰다.

일타원 대봉도는 언변·학식·인품이 뛰어나지 않지만 한 때도 일기법을 놓지 않고 낙도일념으로 마음공부를 하였다. 일타원 대봉도가 원기 31년 교역자훈련 중에 노령으로 몸져눕자 교무마다 서로 시탕과 간병을 자청하여 부득이 조를 짜서 교대로 간호할 만큼 인덕을 쌓았다.

일타원 대봉도는 원기 31년 11월 11일, 염주를 들고 염불을 외우며 80세로 열반하였다.

◆ 새겨보는 문제 ◆

㈎ 일타원 대봉도는 원기 □년 소태산 대종사 첫 상경 때에 뵙고 귀의함과 동시에 □□출신을 서원하여 서울의 □ 제자와 첫 전무출신이 되었다.

㈏ 일타원 대봉도는 서울에서 소태산 대종사께 육타원 이동진화, 구타원 이공주 등 여러 인연들을 인도하여 □□교화의 □□를 이루었다.

㈐ 일타원 대봉도는 교직 없는 전문□□로 교화활동을 펼쳐 창립 제1대 내에 □백 75명을 귀의시켜 최다 □□자가 되었다.

2 이타원 장적조 대봉도

교단 창립기의 삼대여걸 가운데 한 사람으로 부산교화의 시조(始祖)가 되고 대륙교화를 펼쳤던 이타원 장적조(二陀圓 張寂照) 대봉도는 1878년 10월 15일, 경상남도 통영에서 장문중(張文中) 선생과 박거창(朴居昌) 여사의 6남 5녀 중 차녀로 태어났다.

이타원 대봉도는 부유한 집안에서 고이 자라 16세시에 이웃 박씨 문중으로 출가하여 넉넉한 살림에 아들 형제를 낳고 부족함이 없는 생활을 하였다.

그러나 남편과 이상이 맞지 않고 한 가정에서 남편의 구속을 받아가며 생활하는 것이 구구하다는 생각을 하여 집과 남편과 자식들을 다 두고 보따리 하나를 들고 전라도로 발길을 옮겼다.

처음에는 행상을 하며 돌아다니다가 증산교에 들어가 몇 해 동안 열성으로 '흠치흠치 태을천상' 주문을 외우며 증산도를 신봉

했다.

어느 날 우연히 원평에서 완타원 이만갑을 만나 생불(生佛)님이 계신다는 소식을 듣고 발심이 났다. 원기 6년 5월에 이만갑의 안내로 **변산 실상초당을 찾아 귀의하여 여자로서 18번째의 제자가 되어 전무출신을 서원**하였다. 그 당시의 변산 생활은 낮에는 산간을 개척하여 생활의 근간을 마련하고 조석으로는 소태산 대종사의 설법을 듣는 간고하면서도 법열에 찬 생활이었다.

소태산 대종사를 뵙고 확고한 신심을 얻은 이타원 대봉도는 원평으로 돌아와 교당 설립을 서둘렀다. 교도를 모으는 한편 기금 마련을 위해 농사도 짓고 행상도 하며 교당 창설에 앞장섰다. 원평교당 설립을 준비하며 변산에 주석하고 있는 **소태산 대종사를 뵙기 위해 먼 길을 내왕하는 이타원 대봉도의 신성은 똥이라도 먹을 신성**(〈대종경〉 신성품 13장)이었다.

이타원 대봉도는 신성은 실로 대단했다. 변산 석두암을 지을 때와 영산 옥녀봉 아래 구간도실을 영산원으로 옮겨 지을 때에는 여자의 몸으로 흙짐을 지고, 산에 올라 땔나무를 하는 등 남자들이 하는 일을 조금도 기탄없이 하였다.

이타원 대봉도의 연원교화는 교단창립에 큰 공적이 되었다. 생불님을 만난 신바람으로 사방천지로 순교(巡敎)를 하고 다녔다.

원평과 김제에서 한약방을 하는 춘산 서동풍, 추산 서중안 형제를 소태산 대종사께 인도하여 익산총부 건설의 주역이 되게 하였다. 또한 소태산 대종사께 귀의하기 전에 믿었던 증산교의 교파인 태극도(太極道)의 창시자인 조철제 일가의 안식구마저 모두 개종시켜 버릴 정도였다.

이타원 대봉도의 법명은 처음에는 '풍(風)'이었다. 그러나 워낙 신바람이 나서 무분별하리만큼 교화에 몰두함을 본 소태산 대종사는 "장풍이 이름을 뺏어야겠다. 적조(寂照)라 해라"고 했다 한다. 이는 고요히 마음을 비추는 공부를 하라고 법명을 고쳐 준 것이라 한다.

익산총부 건설 후 이타원 대봉도는 대구로가 교당을 세우려 하였으나 사정이 여의치 못하여 부산으로 내려갔다.

원기 14년 봄, 부산에서 수양아들인 이덕환의 집에 살면서 순교 활동을 적극적으로 펼쳐 일원의 법 종자가 경상도 부산 땅에 뿌리내리는 데에 그 시조가 되었다.

이타원 대봉도는 맨 처음 이덕환을 입교시킨데 이어 래산 양원국(양도신의 부친)을 인도하는 것을 비롯 36명을 입교시켰다. 원기 16년 가을에는 소태산 대종사와 당시 불법연구회 회장인 경산 조송광을 부산으로 초청했다. 그것은 소태산 대종사가 경상도 땅을 처음으로 밟는 계기가 되었다.

소태산 대종사와 조송광이 10여 일간 체류하는 동안 40여 명이 입회, 회원수가 총 80여 명에 이르렀다. 이어 이타원 대봉도와 양원국은 회원이 가장 많고 신심이 열렬한 낙동강 하구 하단에 하단교당을 마련했다. 원기 17년에는 초대 교무로 삼산 김기천이 부임, 교세는 날로 번창하여 오늘날 부산교화의 기초를 이루었다.

이타원 대봉도는 부산교화에 머물지 않고 원기 21년에는 북한지역에 진출, 함경도 청진에 사는 아들 박노신의 집에 있으면서 7명을 입회시켰고, 원기 22년부터는 북만주로 진출하여 심양·길림·목단강·장춘·연변 등에서 양은법화를 비롯한 동지들과 함께 원기 30년 5월까지 총 2백18명을 입교시켰다. 이타원 대봉도는 만주에서 다년간 동지들을 규합하며 교당 설립을 위해 노력한 결과 말 못할 파란곡절을 지낸 끝에 비로소 목단강에 교당 건물을 준비하여 놓고도 비상시국으로 인하여 중지하고 총부로 돌아오게 되었다.

이타원 대봉도의 만주교화 자료는《불법연구회 입회 회원명부》의 입회자 기록과 원기 26년에 촬영한 '목단강시 불법연구회원 기념사진' 한 장 및 연대미상의 주산 송도성이 '만주 장 동지에게' 보낸 서한 한 통이 남아있다.

비록 학문은 없었으나 혈심혈성으로 총부의 후원도 없이 여자의 몸으로 국내는 물론 국경을 넘어 만주까지 달려가 일원의 법음을 전하며 교직 없는 전문 순교활동을 했던 이타원 대봉도는 원기 45년 12월 21일, 중앙수양원에서 82세로 열반하였다.

◆ 새겨보는 문제 ◆

(가) 이타원 대봉도의 법명은 처음에는 '□(風)'이었으나 소태산 대종사는 후에 '□□(寂照)'라 법명을 고쳐 주었다.
(나) 이타원 대봉도는 부산으로가 교화하여 부산 땅에 일원의 법 종자가 뿌리내리게 하는 부산교화의 □□가 되었다
(다) 이타원 대봉도는 원기 21년에는 □□지역, 원기 22년부터는 북만주로 진출하여 □□강에 교당 건물을 준비하여 놓고 비상 □□으로 인하여 총부로 돌아왔다.

3 삼타원 최도화 대호법

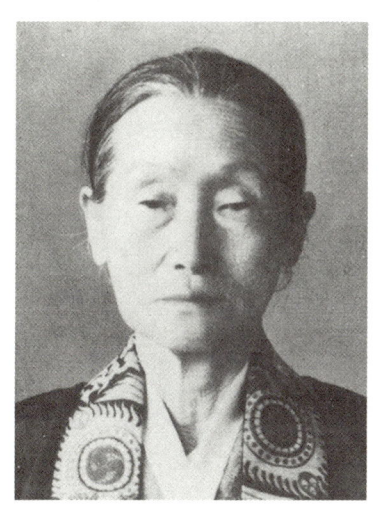

교단 창립기의 삼여여걸 가운데 한 사람으로 진안지방 교화의 초석을 다지고 서울교화의 인연을 지은 삼타원 최도화(三陀圓 崔道華) 대호법은 1883년 전라북도 진안군 성수면 상길리에서 최순화(崔順化) 선생과 진정만옥(陳正滿玉) 여사의 일곱 자매 중 여섯 째 딸로 태어나 7세 때 부친이 열반하여 편모슬하에서 자랐다.

그러나 모친은 집안 살림이 너무나 간고한 탓으로 삼타원 대호법이 13세 되던 해에 조대진을 데릴사위로 정하여 결혼시켰다. 모친이 맺어준 인연이기에 아들 딸 남매를 두고 부득이 살기는 했으나 재미를 붙이지 못하고 우울한 나날을 보냈다.

28세시에는 그만 세상을 비관, 자살을 결심하고 연못에 몸을 던졌다. 때마침 그 곁을 지나던 경기도 두묵개(현 성동구 옥수동)

승방의 여승(女僧)이 그 광경을 목격하고 황급히 뛰어들어 죽을 목숨을 살려냈다. 삼타원 대호법은 자신을 살려낸 여승으로부터 부처님의 법문을 전해 듣고 출가를 결심하고 스님의 상좌가 되어 2년여 간 승려생활을 했다.

하지만 어릴 적부터 꿈꾸어온 도통이 이루어 지지 않음으로 그 스님을 떠나 계룡산 동학사로 옮겼다. 나반존자를 지성으로 독송하였으나 역시 소원을 이루지 못하자 다시 전주로 가서 진안 만덕산 미륵사 화주(化主) 노릇을 하였다.

소태산 대종사는 원기 6년 가을부터는 적극적으로 창립의 초석이 될 숙겁의 인연들을 결속하기 시작했다. 새로 신축한 석두암(石頭菴)으로 거처를 옮긴 소태산 대종사는 어느 날 정산종사를 불러 명하였다.

"이제 어디든지 네 발걸음 내키는 대로 가 보아라. 그러면 만나야 할 사람을 만날 것이다. 그런데 가다가 전주에는 들르지 말라."

이 말씀에 따라 얼마만큼 가던 도중에 한 스님을 만나 만덕산 미륵사에서 한 겨울을 보낸 정산종사는 이듬 해(원기 7년) 정월 어느 날, 절을 찾아 온 삼타원 대호법을 만났다. 비단장수로 미륵사 화주 노릇을 하고 있던 그녀는 정산종사를 본 후 생불(生佛)님이라 받들고 따랐다. 삼타원 대호법의 선전으로 '미륵사에 생불님이 오셨다'는 소문이 나 많은 사람들이 불공하러 몰려들었다.

정산종사는 더 이상 머물러 있기가 곤란하다고 생각하여 (음) 이월 보름 경 부안가는 인편을 통해 그간의 경과를 소태산 대종사에게 보고했고, 이내 바로 돌아오라는 연락을 받고 정산종사는 지체 없이 변산으로 향하였다. 흠모에 마지않은 젊은 스님(정산종사)이 매양 단벌옷으로 지내는 것을 안타까이 여긴 삼타원 대호법이 비단 솜옷을 정성들여 지어 가지고 절을 찾았으나 정산종사가 떠나 버리고 없었다. 삼타원 대호법은 물어물어 변산 봉래정사까지 2백여 리 길을 찾아와 정산종사의 연원으로 소태산 대종사의 제자가 되고 '도화(道華)'라는 법명을 받게 되었다.

삼타원 대호법은 소태산 대종사께서 심산궁곡에서 악의악식(惡衣惡食)하는 것이 항상 가슴에 맺히고 유감이 되어 전주나 남원 등지로 나오면 반드시 음식을 준비하여 친히 짊어지고 몇 백여 리 길인 변산을 내왕하며 공양을 올렸다.

소태산 대종사 원기 7년 말부터 만덕산 만덕암에서 3개월여 적공과 원기 9년 (음) 5월부터 한 달 동안 12제자와 초선회(初禪會)를 열며 머물 때에도 삼타원 대호법이 소태산 대종사를 일천정성을 다해 시봉하며 진안지방의 많은 인재들을 인도

했다. 그들은 마령에 사는 전씨 일가족인 성타원 전삼삼·혜산 전음광·동타원 권동화 등과, 송씨 집안인 공산 송혜환, 오씨 일가인 휘산 오송암·형타원 오종태·오종순과, 성수면 좌포리의 김씨 일가인 현타원 노덕송옥·대산 김대거 등이었다.

  삼타원 대호법은 원기 8년 (음) 9월경 구례 화엄사로 불공을 올리기 위해 기차를 타고 가는 일타원 박사시화를 전주에서 만났다. 소태산 대종사의 소식을 전하자 박사시화는 꼭 한번 소태산 대종사를 뵙고자 발원하였고, 서로 연락이 되어 소태산 대종사의 허락을 얻어 원기 9년 (음) 2월말 첫 상경 길을 안내하게 되었다. 이를 계기로 일타원 박사시화, 육타원 이동진화, 구타원 이공주 등을 비롯한 서울 인연들이 차례로 귀의하여 그들이 서울교화는 물론 교단 창업에 중추적인 역할을 담당하게 되었다.
  서울을 다녀온 삼타원 대호법은 바로 외동아들인 의산 조갑종을 전무출신 하도록 하여 엿장수며 농업부원으로서 총부건설에 동참토록 하였으며, 원기 11년에는 자비(自費)로 경성부기학원에 보내어 6개월 과정을 연수토록 하여 초기 교단 서무경리의 합리적인 운영에 큰 역할을 담당케 했다.
  원기 11년 십타원 양하운 대사모가 거처할 집이 없어 전전

함을 본 삼타원 대호법은 임실 자택에서 임시 머물도록 하였다가 남아 있는 사재 수백 원을 내어 이리 송학리에다 집을 마련하고 농자금을 보조하여 십타원 양하운 가(소태산 대종사의 사가)의 생활 기반을 갖추게 했다.

원기 19년부터 각지의 순교와 주무 등을 역임하며 초창기 교당 설립에 헌신 노력하였으며, 교단 제1대 안에 3백 19명을 입교시킨 삼타원 대호법은 원기 39년 11월 3일, 이리 자택에서 72세로 열반하였다.

◆ 새겨보는 문제 ◆

㈎ 정산종사는 만덕산 □□사에서 화주인 삼타원 최□□ 대호법을 만났다.

㈏ 삼타원 대호법은 소태산 대종사가 만덕암에서 □□제자와 1개월의 □□회를 날 때 정성으로 시봉하였다.

㈐ 삼타원 대호법은 □□지방의 전삼삼, 전□□·권동화 부부, 송혜환, 노덕송옥, 김□□ 등을 소태산 대종사에게 인도했다.

 사타원 이원화 대봉도

소태산 대종사가 깨달음을 얻기 전 입정(入定)시기를 전후하여 소태산 대종사의 구도를 뒷바라지한 사타원 이원화(四陀圓 李願華) 대봉도는 여성계의 첫 제자이며 여자 전무출신 제1호이다.

소태산 대종사 20세 때 가장 큰 후원자인 아버님의 열반으로 구도와 가사를 돌봐야 하는 막중한 책임으로 암담한 시간을 보낼 때 친지와 주위 사람들의 주선으로 마침 타지에서 온 '바랭이네' 라는 여인으로 소태산 대종사를 시봉하게 하였다. 이 여인이 바로 사타원 대봉도이다.

사타원 대봉도는 1884년 10월 3일, 전라남도 영산포에서 부친 이씨와 모친 김시심화(金是心華) 여사의 무남독녀로 태어났다. 4살 때 몹시 흉년이 들었던 어느 날 문 밖에서 놀다가 엿을 사준다는 어떤 사람의 등에 업혀 영광까지 오게 되었다. 그 사람은 부호인 김 진사(進士)를 찾아가 '이 아이는 어떤 미천한 집의 아이로 부모가 구몰(俱沒)하여 의지할 곳이 없으니 불쌍히 여기어 약간의 보상을 주고 키울 것'을 종용하였다. 이에 김 진사는 보상을 주어 돌려보낸 뒤 아이의 태도와 언어를 살펴보니 미천한 집 아이도, 부모 없는 아이도 아닌 것 같아 아이의 부모를 찾아 수소문해 보았으나 부모를 만날 수 없었다. 따라서 김 진사 부부는 친자식같이 양육하였고, 아이는 김 진사 부부를 친부모로 알고 자랐다.

사타원 대봉도는 양부모(養父母)의 사랑을 받으며 장성하여 17세에 장성의 문씨가(文氏家)에 출가하여 23세까지 가정에서 안락한 생활을 하여오던 중 부군이 병사(病死)하여 비창한 마음으로 상례(喪禮)를 치른 후 영광 친가로 돌아왔다.

친가는 살림이 기울고 양부모 또한 세상을 떠나게 되어 어려움이 말할 수 없었다. 영광에서 다시 결혼하였으나 원만한 가정을 이루지 못하고 슬하에 두 아들을 데리고 날품팔이와 행상을 하며 살다가 백수면 길룡리로 들어와 입정돈망에 들어있던 소태산 대종사를 뵙고 정성을 다해 귀영바위 집에서부터 소태산 대종사를 시봉하였다. 귀영바위 집에서는 밥장사를 하였고, 노루목으로 이사 와서는 남의 밭을 매주고 양식을 얻어 끼니를 연명하며 소태산 대종사를 시봉하였다.

그뿐만 아니라, 사타원 대봉도는 노루목 샘터에 단(壇)을 정해 정화수를 올려놓고 치성을 올렸다.

"비나이다 비나이다. 천지신명께 비나이다. 부디 처사양반 둘러싼 사마잡귀 다 물리쳐 버리고 병 낫게 해주소서. 비나이다 비나이다. 천지신명께 비나이다. 우리 처사양반 발복(發福)하여 고을원님 되게 하소서."

때 마침 이 광경을 지켜보던 소태산 대종사는 "그까짓 고을 원이 다 뭔가, 공들일 라면 신묘생(辛卯生) 박처화(朴處化) 만국만민 다 구제하고 일체생령 다 제도하는 성자되도록 해 달라고 비소"라고 하였다.

사타원 대봉도는 방언공사와 구간도실 건축에 조력하였으며, 영산원 안살림의 주인이 되어 모든 일을 다 했다.

원기 5년 이후부터는 진안·전주·원평·이리 등지로 발길을 옮기며 새 회상을 알리는 순교활동을 하다 원기 9년부터는 다시 영산교당에서 감원·순교 등을 맡아 원기 49년까지 무려 40여 년간 봉직하며 뛰어난 음식 솜씨로 영산성지의 살림을 알뜰히 꾸려가며 각지에서 찾아드는 인재들을 따뜻한 사랑으로 보살폈다.

초창기의 각박한 영산의 인심들이 사타원 대봉도의 훈훈한 덕화에 주위가 점차 두루 감화되었으며, 인부들도 몸을 아끼지 않고 일하였다.

소태산 대종사는 사타원 대봉도에 대하여 "원화(願華)는 숙세의 선연(善緣)만 심중(深重)할뿐 아니라 그 발원과 행실이 진급기에 있는 사람이다. 앞으로 이 회상의 발전에 따라 무량한 복록의 주인이 될 것이다"(《대종경 선외록》 사제제우장 16)라고 칭찬하였다.

영산의 모든 사람의 어머니였던 사타원 대봉도는 원기 49년 2월 17일, 80세로 영산교당에서 열반하였다.

◆ 새겨보는 문제 ◆

㈎ 소태산 대종사의 구도를 뒷바라지한 사타원 이원화 대봉도는 여성계의 □ 제자이며 여자 전무출신 제□호이다.

㈏ 사타원 대봉도는 소태산 대종사를 위하여 □□목 샘터에 단(壇)을 정해 □□수를 올려놓고 치성을 올렸다.

㈐ 원기 9년부터 □□교당에서 감원·순교 등을 맡아 □□여 년간 봉직하며 영산성지의 살림을 알뜰히 보살폈다.

5 오타원 이청춘 대봉도

오타원 이청춘(五陀圓 李靑春) 대봉도는 1886년 3월 26일, 전주시 청수동(현 교동)에서 이인경(李仁京) 선생과 김설상화(金雪上華) 여사의 3녀 중 막내로 태어났다. 어린 나이에 부친을 여의고 가정환경이 순조롭지 못하여 파란만장한 생활을 하였고, 중년에는 박윤상과 인연을 맺었으나 자녀가 없이 외롭게 살았다.

오타원 대봉도는 젊어서 기녀(妓女)의 길을 걸었으나 한번 그것이 인생의 정로가 아닌 줄로 각성한 후로는 그 생활을 개혁하여 세속 인연을 즉시에 단절하여 버렸다.

오타원 대봉도는 전주 청수동에 살며 불혹을 바라보는 세월을 달래며 태을교의 도주(道主)인 조철제에게 내왕도 하였고, 이타원 장적조·삼타원 최도화·완타원 이만갑 등과도 서로 알고 지내는 사이였다. 각산 김남천과는 외숙질(外叔姪)간으로 김남천의 딸

혜월·순풍 자매가 언니라 부르는 사이였다.

오타원 대봉도가 소태산 대종사께 귀의한 것은 원기 8년 12월 27일로 삼타원 최도화의 인도로 입교하였다. 여자회원으로서 32번째로 소태산 대종사의 제자가 되어 '화춘(化春)'에서 법명을 '청춘(靑春)'이라 받았다.

《원불교교사》에 따르면 '원기 8년 11월에 소태산 대종사 이리 박원석의 집을 거쳐 전주 박호장·이청춘 등이 주선한 10여 칸의 집을 '전주임시출장소'로 정하고, 회상 공개에 관한 취지규약의 작성 인쇄와 제반준비를 서중안에게 일임한 후 봉래산에 돌아오시었다'고 밝히고 있다.

그 후 오타원 대봉도는 소태산 대종사가 원기 9년 (음) 3월말에 전주에서 7인 제자로 발기인을 삼아 '불법연구회' 창립준비를 할 때 여성으로 유일하게 창립발기인(創立發起人)에 참여한 제자가 되었다.

익산총부 건설 후 전무출신 공동생활은 생활방도가 심히 막연하여 엿 제조업을 하였으나 공부비용 마련에는 곤란하여 15마지기의 소작농으로 전환하기에 이르렀다. 이러한 절박한 시기인 원기 10년에 오타원 대봉도가 입교기념으로 자신의 전 재산이라 할 수 있는 70여 마지기의 논을 희사하였다.

야사(野史)에 의하면 그 당시 총부의 간고함은 말할 수 없었으나 오타원 대봉도가 퇴기(退妓)의 몸이요 그가 바치는 재산은 그가 기녀(妓女)생활을 통해 모은 돈인 만큼 그것이 정재(淨財)가 못 된다는 판단으로 일부 제자들의 반대가 있었다는 이야기이다. 소태산 대종사는 제자들의 반대에도 불구하고 몇 차례의 거절 끝에 희사를 허락하였다.

원기 11년 2월에는 총부 구내에 가옥을 건축하고 호화로운 전주 가옥과 가산을 전부 매각한 뒤 모친인 김설상화와 총부로 이사하여 출가를 단행하였다.

그 후부터 오타원 대봉도는 소태산 대종사를 가까이서 모시며 입선 혹은 청법, 청정한 수도인으로서 수양에 전력하였으며, 원기 13년 (음) 3월 26일에 개최된 제1대 제1회 기념총회 때에는 1등 유공인 5인 중 한 사람이 되었다.

오타원 대봉도는 원기 14년 44세 되던 해 〈월말통신〉에 '40평생의 광음(光陰)을 보내고 또 기사(己巳)마저 보내며'란 글에서 자신의 반생을 회고했다.

외롭고 고단한 몸의 덧없는 반생을 약술한 후 '우리 종사주 나를 구하지 않으셨다면 내가 어찌 이 고목청춘(古木靑春)의 갱생으로

(更生路)를 더위잡았으랴' 고 술회하고 '앞날의 화춘(化春, 이청춘의 속명)은 화춘으로서 만물조락(萬物凋落)하는 엄동(嚴冬)을 당하면 변함이 있으련만 오늘의 청춘(靑春)만은 봄이 와도 청춘이요 여름이 와도 청춘이요 가을이 와도 청춘이요 겨울이 와도 청춘이요, 천년만년이 가더라도 오직 청춘은 청춘으로 일관하리라' 고 하였다.

오타원 대봉도는 원기 19년, 총부 순교로 1년간 봉직하였고, 원기 20년에는 고향인 전주지방의 교화를 위해 사재 1천여 원을 투자하여 물앙멀(현 노송동)에 가옥과 기지를 매입하여 '전주출장소'를 신설하고 교무로 부임, 4년간 교화발전에 헌신하였다. 원기 28년에는 여자 정수위단원에 피선되었고, 원기 33년에는 남선(南仙)교당 교무로 1년간 재직하였다.

오타원 대봉도는 원기 40년 7월 14일, 전주양로원에서 70세로 열반하였다.

◆ 새겨보는 문제 ◆

(가) 오타원 대봉도는 소태산 대종사가 원기 9년 전주에서 □인 제자로 불법연구회 창립을 □□할 때 여성으로 유일하게 참여하였다.

(나) 익산총부 건설 후 전무출신 생활 방도가 막연할 때 오타원 대봉도는 자신의 □□기념으로 70여 마지기의 □을 희사하였다.

(다) 제□대 제□회 기념총회 때에 오타원 대봉도는 1등 유공인 □인 중 한 사람이 되었다.

6 육타원 이동진화 종사

육타원 이동진화(六陀圓 李東震華) 종사는 원기 9년 봄, 소태산 대종사가 처음으로 상경(上京)하여 경복궁 앞 당주동 '경성임시출장소'에 주재한 지 며칠이 지난 어느 날 일타원 박사시화의 인도로 소태산 대종사를 찾아 귀의했다.

육타원 종사는 전주 이씨로 본명은 경수(慶洙)였다. 경상남도 함양군 마천면 삼정리에서 부친 이화실(李和實) 선생과 모친 김씨의 5남매 가운데 3녀로 태어났다. 가난한 선비 집에서 태어난 육타원 종사는 5세에 부친을 여의고, 7세 때 진주에 사는 오빠에게 의탁되어 14세까지 양육을 받았으며 생활하다 18세에 구 왕실 종친인 완순군의 차남 이규용의 소실이 되었다.

물질적으로 아쉬울 것 없이 유족하였으나 주위 환경이 뜻에 맞지 않고 신경쇠약에 걸려 위장병과 두통으로 고생하였다.

육타원 종사는 처음 소태산 대종사를 뵈올 때에 머리를 굽혀 인사하지 않고 그대로 앉아 있었다. 비록 소실이긴 하나 궁가(宮家)의 지체라 평민을 대할 때는 그만큼 당당하였다.

소태산 대종사는 육타원 종사의 인물이 비범함을 인증하고 "사람이 세상에 나서 할 일 가운데 큰일이 둘이 있으니 그 하나는 정법의 스승을 만나서 성불하는 일이요, 그 둘은 대도를 성취한 후에 중생을 건지는 일이라, 이 두 가지 일이 모든 일 가운데 가장 근본이 되고 큰일이 되나니라"(〈대종경〉 인도품 6장)고 하였다.

엄숙하고 정중한 이 말씀에 육타원 종사는 크게 깨친 바 있어 그 자리에서 일어나 절을 하였다.

육타원 종사는 집에 돌아와서도 소태산 대종사의 말씀이 뇌리를 떠나지 않았다. 소태산 대종사를 뵈온 이 후 궁가의 미한(微汗) 인연을 헌신같이 버리고 일생을 수도에 전념할 발원을 굳히게 되어 생각하고 생각한 끝에 전라도 생불님을 만난 지 2개월여 만에 침모 낙타원 김삼매화와 같이 집을 나섰다.

수소문 끝에 기차를 타고 전주로 내려가 가마를 타고 정타원 성성원의 시가집이 있는 임실로 가서 물었다. 그러한 도인이라면 진안 마이산에 있는 도인 일거라 하여 마이산에 가서 이갑룡을 만나기도 하였다.

무더위 속에 육타원 종사는 묻고 물어 소태산 대종사가 10여 명 제자와 더불어 선(禪)을 나고 있는 만덕산 만덕암을 찾아갔다.

가마에서 내려 두 사람은 경험 없는 산행이라 어디로 가야할지 모르고 날은 어두워 오고 있을 때 큰 소리가 산위에서 들려왔다.

"어서 정신 차려 이리 올라오시오!"

소리 나는 쪽을 향해 올라가 그렇게도 찾아 헤매던 생불님을 만났다.

만덕산에서 법명을 '동진화(東震華)'라 받은 육타원 종사는 20여 일간 선(禪)을 난 후 소태산 대종사를 따라 전주로 나와 다시 상경하였다. 이를 지켜본 부군이 "집에 있으면 공부 안 되느냐"며 동대문 부근 창신동에 조용한 처소(1백여 평의 대지에 초가 2동 10여 칸)를 마련하여 수양처로 사용하도록 했다.

육타원 종사는 원기 10년 (음) 5월에는 수도생활을 할 준비를 갖추어 김삼매화와 더불어 총부로 내려와 소태산 대종사를 모시고 10여 명의 동지와 더불어 제1회 정기훈련을 났다. 석 달 정기훈련을 나면서 지병이었던 소화불량 증세도 상당히 좋아졌다. 그 후로는 경성과 익산총부를 왕래하면서 짧은 시

일이나마 정기선(定期禪)에 참례하였다.

　육타원 종사는 창신동 자신의 수양처를 원기 11년 교단에 희사하여 '경성출장소(현 서울교당)'가 창설되어 초대 교무로 주산 송도성이 부임하였다.

　그 후 육타원 종사는 경성지부 창립주 12인 회원과 더불어 교당 유지발전에 기여하였으며, 원기 18년에는 정식으로 출가, 전무출신을 단행하여 응산 이완철과 더불어 경성지부 교무로 4년간 봉직했다. 그들이 교무로 부임한지 얼마 뒤 창신동회관(경성출장소)이 너무 협소하여 산 너머 돈암동 낙산 기슭에 구타원 이공주가 터를 확보하여 놓은 곳에 회관 신축공사에 착수하여 그해 가을에 준공하였다.

　1945년 광복이 된 뒤 원기 31년부터 다시 서울지부 교무의 책임을 전담하며 '전재동포구호사업'을 후원하였고 돈암동에 있던 서울지부를 용산에 있는 일본인 사찰 용광사(龍光寺)로 이사하여 교화에 새로운 전기를 가져왔다.

　육타원 종사는 원기 32년 총부 순교감으로 전보되었다가 이듬해 다시 서울지부 교감으로 부임하여 춘천에 출장교화를 나가는 한편 당시 개성지부 교무였던 항타원 이경순과 힘을 합하여 북한 교화의 포부를 가졌었다.

　전형적인 한국 여성상의 인품으로 관음상을 연상케 하는 육타원 종사는 남녀 후진들의 세세한 정곡(情曲)을 두루 알뜰히 풀어주는 교단의 자애로운 어머니였다.

원기 53년 1월 어느 날, 좌우동지 후진들에게 "진리는 무상하여 만물은 쉬지 않고 변화한다. 영원무궁한 일원의 진리를 잘 배우고 닦아서 고락을 초월하자"고 부촉했다.

이것이 육타원 종사의 최후 법문이었다. 며칠 후 1월 18일, 75세로 총부에서 열반하였다.

◆ 새겨보는 문제 ◆

㈎ 육타원 이□□□ 종사는 소태산 대종사 처음 상경(上京)하여 경성□□출장소에 주재할 때 귀의하였다.

㈏ 육타원 종사는 원기 10년 총부에서 소태산 대종사를 모시고 새 회상 제□회 정기□□을 10여 명과 났다.

㈐ 육타원 종사가 창신동 자신의 □□처를 교단에 희사하여 '□□출장소'가 창설되었다.

 칠타원 정세월 정사

원불교 교단의 초기 명칭인 '불법연구회' 초대 회장을 역임한 추산 서중안의 부인으로 익산총부 건설과 초창기 교단 창립에 한 몫을 담당했던 칠타원 정세월(七陀圓 鄭世月) 정사는 서중안의 인도로 소태산 대종사를 변산 봉래정사에서 뵙고 원기 8년 6월 26일에 귀의하였다.

당시 상황에 의하면,

인력거를 타고 김제에서 부안·줄포를 거쳐 보안면 종곡 훈산 이춘풍의 집을 경유하여 봉래정사까지 넘어오는데 이틀이 걸렸다. 칠타원 정사 부부가 나타나자 소태산 대종사가 기다렸다는 듯이 석두암 마루에 앉아 있다가 일어나 반겼다. 칠타원 정사는 처음 소태산 대종사를 뵙는 것이지만 친정 부모님을 뵌 듯 그렇게 반갑고 좋을 수가 없었다. 소태산 대종사 말했다.

"내 오늘 영광을 가려고 했는데, 어떻게 좋은 기운이 뜨는지 손님이 올 것 같아 가지 않고 기다리고 있었소. 키는 조그만 하지만 영(靈)은 크구려. 그대에게 '세월(世月)'이란 법명을 주노니 인간 세상을 밝게 비춰주는 달 같은 인물이 되시오."

서중안이 소태산 대종사를 만나 사부(師父)의 예를 올린 뒤 한 달도 못되어 부인과 더불어 다시 찾아온 것은 소태산 대종사의 그 웅대한 포부와 호대한 법을 산중에서만 포교할 것이 아니라, 장소가 넓고 교통이 편리한 곳에서 천하 사람의 앞길을 다 열수 있도록 모시고자 한데에 목적이 있었다.

당시 칠타원 정사의 가정은 서중안이 김제에서 직원들만도 수십 명이 되는 큰 규모의 인화당 한약방을 경영하고 있어서 매우 부유했다. 이들 부부는 소태산 대종사께 간곡히 청했다.

"이곳은 도로가 험난하고 장소가 협착하옵니다. 교통이 편리하고 장소가 광활한 곳을 택하여 도량을 정하시고 여러 사람의 전도를 널리 인도하심이 시대의 급무일까 하나이다."

소태산 대종사는 칠타원 정사 부부의 청을 들어 하산(下山)을 허락하고 이로부터 정식으로 회상을 열 준비를 시작하여 원기 9년 (음) 4월 이리 보광사에서 불법연구회 창립총회를 열고, 그 후 전라북도 익산군 북일면 신룡리(현 익산총부)에 총부건설의 기지를 확정하였다.

익산총부 건설은 서중안・정세월 부부가 당시 3천 4백여 평의 기지대금과 건축비 일부(6백여 원)를 의연(義捐)한 것이 토대가 되었다.

칠타원 정사는 1896년 1월 26일, 전라북도 김제군 만경면 인흥리에서 정문명(鄭文明) 선생과 이명인화(李明仁華) 여사의 10남매 중 5녀로 태어나 16세에 서중안과 결혼하였다.

전처소생의 딸 둘을 친딸(문타원 서공남)과 다름없이 사랑하여 인근의 칭송이 자자하였으며, 부모에게 효도하며 하솔의 도를 분명히 하여 가족들이 모두 따랐고 이웃의 모범이 되었다.

원기 12년에는 부군인 서중안과 더불어 가산을 정리하고 교단 창업에 전무하기 위하여 총부 구내로 이사하였다. 그러나 서중안이 우연히 발병하여 백방으로 치료에 전력하였으나, 원기 15년 6월 2일, 49세로 열반했다. 당시 35세인 칠타원 정사는 말할 수 없는 큰 슬픔이었지만 90노령의 시어머니를 모시고 어린 딸을 돌보았다.

칠타원 정사는 원기 17년, 전무출신을 단행하여 총부식당 주임으로 7년간 살림을 꾸리며 활달한 성격과 치밀한 보살핌으로 소태산 대종사의 수족 같은 역할을 했다.

또한 후진들에게는 어머니 같은 따뜻한 인정을 베풀었으며, 심지어 종기가 나서 고통 받는 후진의 종기마저도 입으로 빨아 치료하는 사랑을 지녔었다.

도학공부의 가치를 알아 열성으로 정진했던 칠타원 정사는 원기 20년 을해(乙亥)동선 때에 소태산 대종사로부터 초견성 인가를 받기도 했다.

칠타원 정사는 제1대 성업봉찬대회를 마친 후 원기 39년 6월부터 중앙수양원에서 수양에 힘쓰다가 원기 62년 열반을 얼마 앞두고 "음력 구월 보름 경에 가야겠다"며 열반 날을 받아 두었다가 10월 25일(음 9. 13)에 82세로 열반하였다.

◆ 새겨보는 문제 ◆

㈎ 칠타원 정세월 정사와 부군 추산 서중안이 변산 □□정사를 찾아 소태산 대종사께 □□을 간청하였다.

㈏ 익산□□ 건설은 정세월·서중안 부부가 당시 □천 4백여 평의 기지대금과 □□비 일부를 의연(義捐)한 것이 토대가 되었다.

㈐ 칠타원 정사는 □□동선 때 소태산 대종사로부터 초 □□ 인가를 받았다.

8 팔타원 황정신행 종사

　　소태산 대종사의 제자가 되어 옛 영산회상의 수달장자와 같이 회상 창립에 막대한 정재(淨財)를 희사, 원불교 대호법(大護法)의 문열이가 되고, 수많은 한국 고아들의 큰 어머니가 된 팔타원 황정신행(八陀圓 黃淨信行, 본명: 온순) 종사는 1903년 7월 10일, 황해도 연안에서 황원준(黃元俊) 선생과 송귀중화(宋貴重華) 여사의 장녀로 태어나 독실한 예수교 가정에서 유복하게 성장했다.

　　연안보통학교를 졸업한 팔타원 종사는 13세에 서울로 유학, 이화학당 중등부를 17세에 졸업하고 경성여자고등보통학교에서 1년간 일본어를 배우던 중 부친의 열반으로 귀향했다가 3·1운동을 맞이했다. 1921년에는 3·1운동 민족대표 33인 중의 한 사람인 박희도의 소개로 중국으로 건너가 길림성 여자사범학교에 들어가 3년 동안 공부하고 유치원 교사를 하다가 귀국하여 이화여전 보육과를 제2회로 졸업했다.

팔타원 종사는 그 후 일본계 정토종 불교재단에서 경영하는 화광교원에 들어가 관수동에 화광유치원을 신설하고 교사 일을 맡아 보았다. 27세시에는 황해도 재령이 고향인 강익하와 결혼, 1남 2녀를 두었고, 이어 포목점 순청상회를 차리고 동대문부인병원(현 이화여자대학교 동대문부속병원)을 인수하였다.

팔타원 종사는 원기 20년 여름 아들(경산 강필국)을 데리고 금강산 여행 중 당시 개성에 사는 월타원 이천륜를 만나 불법연구회를 소개 받게 되었다. 그 후 그의 연원으로 서울교당(당시 돈암동 회관)에가 교무인 응산 이완철과 육타원 이동진화를 만났다.

팔타원 종사가 소태산 대종사께 귀의한 것은 원기 23년, 34세 되던 해 서울교당에서의 첫 만남으로 이루어졌다.

팔타원 종사의 당시 회고담이다.

"시골 양반이지만 점잖고 권위가 있어 보이는 대종사님께서 초면인데도 반갑게 대해 주시면서 '당신 같은 사람이 날 보러 어찌 왔느냐?'고 물으셔서 '선생님께서 도(道)가 높으시다 하여 도를 듣고자 왔습니다' 하고 사뢰니 '내가 세상 학문은 모르나 부처되는 법은 아니까 어디 부처가 한번 되어 볼꺼나' 하시고 시계를 인용하셔서, 생사(生死)에 관한 법문을 해주시고 난 후 '오래 살고 싶지라우. 죽어서 또 나는 걸 아는지? 몇 십 년 후에 죽어서 또 나서 어떻게 되는지 가르쳐 주지라우' 하시는데, 부처 되는 법까지 가르쳐 준다는 말씀이 마음가운데 크게 부딪혀 왔었습니다."

팔타원 종사는 소태산 대종사가 이완철에게 공부를 배우라는 말씀에 따라 서울교당에서 이완철로부터 하루 1시간씩 〈금강경〉을 배웠다. 교당을 내왕하는 발길이 빈번해지고 소태산 대종사를 몇 차례 뵈오면서, 인과보응과 불생불멸의 진리에 대한 확신과 소태산 대종사를 믿는 신심이 굳어져 익산총부와 서울교당의 유지 발전은 물론 창업기의 갖가지 교단 경제난을 극복하는데 중추적인 역할을 했다.

소태산 대종사는 '일상삼매 일행삼매 동정일여 영육쌍전(一相三昧 一行三昧 動靜一如 靈肉雙全)'이란 친필 법문을 팔타원 종사에게 선물로 주었고, 팔타원 종사가 서울에서 한번 씩 총부에 오면 특별히 대중을 모아 성리법문을 많이 설했다. 이는 모두 팔타원 종사로 하여금 사업과 속 깊은 공부를 겸하도록 한 것이었다.

정산종사는 팔타원 종사에게 원기 42년 4월 제1차 법훈증여식에서 대호법의 원훈(元勳)을 주어 그 빛나는 공덕을 기렸다.

개화시절에 총부 안에 탁아소를 하게 되자 소태산 대종사의 명을 받아 탁아소장이 된 팔타원 종사는 원기 30년 광복이 되자, 주산 송도성·유산 유허일 등과 더불어 서울역 앞에서 '전재동포구호사업'을 전개하는 한편, 서울 남산에 위치한 일본인 사찰 약초관음사를 인수해 '보화원(普和園)'을 설립, 초대원장이 되었다. 이 보화원이 원불교 고아원의 효시가 되었다.

1950년 4월 UN의 사업분야 지도자 양성을 위한 장학생으로 선발되어 사회사업훈련 및 시찰을 위해 영국을 순방하던 중 6·25전쟁을 만나 팔타원 종사는 9·28수복 이후 귀국, 외아들 강필국을 잃은 슬픔을 딛고 이승만 대통령의 부탁을 받아 9백여 전쟁고아를 돌보기 위해 제주도로 향했다.

제주도에서 7년여를 지낸 '한국보육원'은 그 후 서울 이문동 천막촌과 휘경학원 자리를 거쳐 현재 양주 송추계곡 진달래동산에 위치하고 있다.

1956년 미국 유니버설 영화사가 한국전쟁과 고아들을 소재로 한 '전송가(戰頌歌)'란 영화를 제작하면서 팔타원 종사와 고아 30여 명을 초청했다. 영화가 방영되면서 팔타원 종사와 한국보육원은 전 세계에 널리 알려졌고, 팔타원 종사는 "어린이는 가정이나 국가라는 지역적인 한계를 초월한 우주적인 존재이다. 국가나 지역을 떠난 우주적인 안목으로 한 생명을 바라보고 인류애를 발휘해야 한다"고 호소, 외국인들로부터 많은 협조를 받았다.

팔타원 종사는 원기 67년에 사회복지법인 '창필재단(昌弼財團)'을 설립, '한국보육원'을 이에 귀속시켜 교단에 희사하였다.

또한 1970년에 학교법인 '휘경학원(徽慶學園)'을 설립, 산하에 휘경여중·고를 두었던 팔타원 종사는 건학이념에 원불교 정신을 담아 여성교육에 심혈을 기울였었다.

팔타원 종사는 원기 89년 6월 29일, 102세로 열반하였다.

◆ 새겨보는 문제 ◆

㈎ 소태산 대종사와 팔타원 황정신행 종사의 첫 만남은 원기 □□년에 □□교당에서 였다.

㈏ 정산종사는 팔타원 종사에게 원기 42년 4월 제□차 법훈증여식에서 □□법의 원훈(元勳)을 주어 팔타원 종사가 대호법의 문열이가 되었다.

㈐ 팔타원 종사는 광복이 되자 남산 약초□□□를 인수해 '보화원(普和園)'을 설립, 초대원장이 되었다. 이 보화원이 원불교 □□원의 효시가 되었다.

 구타원 이공주 종사

소태산 대종사의 법설을 가장 많이 수필한 법낭(法囊) 구타원 이공주(九陀圓 李共珠) 종사가 소태산 대종사를 만난 것은 원기 9년 11월 소태산 대종사 두 번째 상경(上京)길에 이뤄졌다.

육타원 이동진화가 마련한 동대문 밖 창신동 수양처를 미타원 박공명선의 소개로 모친 낙타원 민자연화, 언니 기타원 이성각과 더불어 방문, 소태산 대종사께 귀의하였다.

27세의 젊은 나이로 부군을 사별한 후 인생의 무상함을 절감하고 있던 때에 소태산 대종사와의 만남은 일대전환의 계기가 되었다. 소태산 대종사는 '공주(共珠)'라는 법명은 내리며 말했다.

"구슬이란 매우 보배로운 것이요. 그러나 구슬도 한 두 사람만이 가지고 보는 것보다는 많은 사람이 가지고 보는 것이 더욱 가치 있고 보배로운 것이며 그대의 법명을 공주(共珠)라 하는 것은 세계 인류가 모두 함께 보는 보배로운 구슬이 되어 달라는 뜻입니다."

　구타원 종사는 1896년 12월 23일, 서울 대묘동(현 종묘)에서 이유태(李裕泰) 선생과 낙타원 민자연화(樂陀圓 閔自然華)의 3남 3녀 중 둘째딸로 태어났다.

　구타원 종사는 6세 때부터 가정에서 부친에게 한글을 배워 고대소설을 읽었으며, 8세 때에는 천자문과 소학을 배웠다. 10세 때에는 근대 한국여성으로 최초의 미국 유학생이었던 하란사로부터 한문·산술·초급영문 등을 배우기 시작하여 하란사를 따라 이화학당 초등부에 입학하여 영어·성경 등을 배웠고, 11세 때에는 외삼촌 민치장이 교장으로 있는 동덕여학교에 입학하였다.

　동덕여학교에서 수학하던 중 13세 되던 해 외삼촌으로부터 창덕궁 여관시보(女官試補)로 추천을 받아 조선 마지막 황후 윤비(尹妃)의 시독(侍讀)으로 입궁하게 되었다.

　17세시에는 한일합방으로 퇴궁(退宮)하여 경성여자고등보통학교(현 경기여고)에 입학하여 수학하고 졸업한 후 일본에 유학하여 문학박사가 되려하였으나 가족들의 완강한 반대로 실현할 수 없었다.

경성여고보를 졸업한 구타원 종사는 전라북도 남원군 운봉의 박장성과 결혼, 맏아들 창기(昌基, 묵산 대봉도)와 작은 아들 원기(圓基)를 두고 단란한 가정을 꾸몄으나 결혼 8년 만에 부군이 세상을 떠나고 말았다.

부군은 고향에서 근농회를 조직, 문맹퇴치운동과 농촌청년운동의 지도자로 활약하였으며, 3·1운동에 가담, 6개월의 옥고를 치른 후 뜻한 바 있어 일본으로 유학, 동경 명치대학에 입학하였다. 3학년 여름방학 때 일시 귀국한 부군은 호남지방 일대에서 민족사상 고취를 위한 순회강연회 도중 급성 폐결핵으로 순직하였다.

소태산 대종사를 만나 부군을 잃은 슬픔을 딛고 새로운 인생을 발원한 구타원 종사는 계동(桂洞)집 사랑채로 소태산 대종사를 모셔다가 서울 제자들과 청법낙도의 생활을 할 때 소태산 대종사의 왕복여비 등 제반비용은 언제나 자담하였고, 소태산 대종사는 여기서 두 번이나 새해를 맞이하였다.

원기 10년 구타원 종사의 30회 생일에 소태산 대종사는 박사시화, 이성각 등과 함께 구타원 종사의 생일을 축하해 주었다.

소태산 대종사는 이 자리에서 "공주는 앞으로 어떤 일을 하고 싶소? 공주가 가장 보람 있다고 생각하는 일은 무엇이요?" 하고 물었다. 이에 구타원 종사는 "네, 저는 여학교 시절부터 1천만 조선 여성을 위하여 일해야겠다고 생각했습니다. 먼저 제 인격을 갖추고 일본으로 유학을 가서 문학박사가 된 뒤에 글을 써서 조선 여성들을 계몽시켜 볼까 했습니다."

구타원 종사가 여성 해방운동에 헌신하여 여권을 회복하고 싶었다는 뜻을 말하자, 그 말을 한참 듣고 있던 소태산 대종사가 방향을 제시했다.

"공주는 생각을 더욱 넓혀 도덕박사가 되어 세계 전체의 여성, 나아가 세계 전체의 인류를 제도하는 것이 좋지 않겠소."

그 후 구타원 종사는 원기 17년 출가하기위해 익산총부로 가기까지 서울교당 창립을 위해 헌신하였다. 원기 10년부터는 서울교당 주무로, 원기 15년부터는 재가로서 서울교당 교무로 전력을 다하던 중 돈암동에 6백여 평의 대지를 매수하여 교당 신축 부지로 희사하였다.

구타원 종사는 출가한 후 소태산 대종사의 많은 법설을 수필하여 〈회보〉에 발표, 회원들에게 수행의 길잡이가 되게 하는 한편, 뒷날 〈대종경〉 편찬에도 귀중한 자료를 많이 제공하였다.

또한 소태산 대종사는 구타원 종사에게 "공주에게 나의 법을 가장 많이 설해 주었다. 공주는 나의 법낭(法囊)이다." 라며 '법낭'이란 아호(雅號)를 내려 주었다. 이로부터 구타원 종사는 법낭이란 이름 그대로 법주머니의 역할을 잘 했다. 소태산 대종사는 이러한 구타원 종사에게 "공주는 낙언성실(落言成實)하고 투필성자(投筆成字)한다"고 칭찬하였다.

〈월말통신〉 제1호에 '약자로 강자되는 법문' 을 비롯 소태산 대종사의 법설을 발표하기 시작하여 〈월보〉, 〈회보〉 등에 실린 구타원 종사의 수필 법설은 45편이나 된다.

구타원 종사는 큰 아들인 묵산 박창기와 함께 부군으로 부터 물려받은 일천여 마지기의 재산을 교단 경제운영에 적절히 사용하였다. 각종 초기교서 인쇄비용과 〈회보〉 발행 비용이며, 총부 대각전 신축, 제1대 성업봉찬사업 등에 막대한 정재를 희사하여 원기 42년 4월 26일, 제1차 법훈 증여식에서 대봉도의 원훈(元勳)을 정산종사로 부터 증여받았다.

그 후에도 구타원 종사는 개교반백년기념사업 추진, 서울수도원과 서울보화당 설립, 서울회관 건립, 영산성지 개발사업, 교단 인재양성, 해외 교화후원, 교단 제2대 말 및 대종사 탄생 백주년 성업봉찬 사업 등 수 많은 교단사에 중추적인 역할을 다했다.

한편 구타원 종사는 원기 15년 소태산 대종사가 임시 여자수위단을 조직할 때 중앙위에 선임된 이후 줄곧 여자수위단 중앙으로 소태산 대종사, 정산종사, 대산종사로 이어진 3대 주법을 보필, 교단의 정신적 지주로서 튼튼한 밑받침이 되었다.

구타원 종사는 원기 76년 1월 2일, 96세로 열반하였다.

◆ 새겨보는 문제 ◆

㈀ 소태산 대종사는 구타원 종사에게 '□□(共珠)'라는 법명을 내리며 "세계 인류가 모두 함께 보는 보배로운 □□이 되어 달라"고 했다.

㈁ 소태산 대종사는 구타원 종사에게 "공주에게 나의 □을 가장 많이 설해 주었다. 공주는 나의 □□(法囊)이다"라고 하였다.

㈂ 구타원 종사는 □□수위단을 조직할 때 □□위에 선임된 이후 중앙으로 소태산 대종사, 정산종사, 대산종사로 이어진 3대 주법을 보좌했다.

십타원 양하운 대호법

숙겁의 인연으로 소태산 대종사의 부인이 되어 구도(求道)의 뒷바라지는 물론, 자녀 양육과 살림살이 등 사가 일을 전담하여 소태산 대종사가 오롯이 새 회상 창업에 헌신할 수 있도록 내조했다.

새 회상 정토회원의 제1호로 정토원훈(正土元勳)이 된 십타원 양하운(十陀圓 梁夏雲) 대사모(大師母)는 1890년 (음) 12월 3일, 전라남도 영광군 백수면 홍곡리에서 양하련(梁河蓮) 선생과 박현제화(朴玄濟華) 여사의 4남매 중 차녀로 태어나 부모의 사랑을 받으며 장성하여 16세시에 한 살 아래인 소태산 대종사와 결혼하였다.

십타원 대사모는 소태산 대종사의 대각 이전 구도생활을 위해 근실한 내조의 도를 다했다. 소태산 대종사의 큰 형(박희문)은 양자로 갔고, 둘째 형(박희옥)은 딸 하나를 두고 요절하였으므로 시

부모 봉양은 물론 시동생(육산 박동국)의 성혼분가(成婚分家)며 선영제사 등이 모두 십타원 대사모의 책임이었다.

시가의 생활은 산골 치고는 적지 않은 논과 밭을 경작하는지라 비교적 안정되었으나 그만큼 일거리는 많았다. 남편인 소태산 대종사는 그 무렵 구사고행 중인지라 가사에는 외인이었고, 시동생은 어렸으므로 일꾼을 부리거나 인부를 활용하는 일은 차츰 시아버지(박회경)에게서 십타원 대사모에게로 책임이 돌아오게 되었다.

십타원 대사모가 21세 되던 해에 굳게 믿고 의지하며 모시고 살던 시아버지마저 세상을 떠나니 가사에 대한 책임이 더욱 무거워질 수밖에 없었다. 부군의 큰 뜻을 짐작하고 일호의 원망도 없이 가사를 꾸려가고 있었다.

소태산 대종사는 한편 노루목에서 사타원 이원화의 시봉을 받으며 마지막 구도의 불길을 태우고 있었다. 당시 소태산 대종사는 병고가 깊어지면서 차츰 거동마저 활발치 못한 가운데 입정돈망에 들어 있었다.

십타원 대사모는 소태산 대종사를 위해 후미진 개암골 기도터에 정화수를 떠놓고 사방으로 절을 하며 3년간 기도 올렸다.

"천하 만물 다스려 잡아서 귀인 되기를 바라옵고 복이 무쇠방

석으로 되기를 점지해 주소서. 우리 처화(소태산 대종사의 자)양반 소원 풀어주시고 병 나아 주기를 비옵고 비옵니다."

　소태산 대종사는 20여 년의 모진 구도 끝에 1916년 4월 28일 드디어 대각(大覺)하였다. 십타원 대사모의 기쁨은 어느 누구보다도 컸다. 소태산 대종사 최초로 얻은 8인 제자로 새 회상 최초의 단을 조직한 후 저축조합을 통해 그들을 훈련시키는 한편, 길룡리 앞의 버려진 간석지를 막아 논을 만드는 방언공사를 위한 기금 조성에 착수하였다. 소태산 대종사가 가산집물 일체를 방매하여 4백여 원의 돈을 마련, 기금에 합하는 일에 아무런 불평 없이 따랐으며, 원기 3년부터 방언공사가 시작됨에 단원들과 인부들의 식사수발에 전력을 다하였다. 특히 동년 (음) 10월에 옥녀봉 아래에 구간도실을 착공하여 12월에 완공할 때까지 십타원 대사모의 식사수발의 공이 컸다.

　가산을 방매한 뒤 남의 집 곁방에서 지내다가 구간도실이 완공되자 바로 그곳으로 이사하여 감원으로 이원화와 더불어 식당일을 맡아하였다. 낮에는 단원들의 식사준비며 자녀 수발 및 가정 정리를 하고, 밤이면 단원들과 함께 소태산 대종사의 법설을 받들었다.

　원기 8년 옥녀봉 아래의 구간도실을 현 영산원으로 이전하자

실질적인 감원으로 식당 일을 보살폈으며, 원기 9년에는 정식 임원으로 발령을 받아 영산교당 식당 일을 2년여 동안 책임 맡았다.

십타원 대사모는 원기 11년 소태산 대종사의 지시에 따라 임실군 지사면 금평리의 의산 조갑종의 집으로 이사하여 팔산 김광선·오산 박세철의 도움을 받아가며 얼마간 살다가 다시 이리 근교 송학리로 옮겨와 살았다. 원기 13년 39세시에는 총부 근동으로 이사하였으나 일정한 집이 없이 수차례 이사를 해야 하는 간고한 살림 속에서도 각지 동지들과 더불어 입선(入禪)공부를 하였다. 그러나 생활대책이 막연하여 총부 세탁 바느질 등이며 남의 집 품삯으로 생계를 이어 갔다.

십타원 대사모가 집 없이 남의 곁방을 떠돌며 사는 것을 보고 대중들이 여러 차례 소태산 대종사께 대책을 거론 드렸으나 그때마다 소태산 대종사가 만류하였고(《대종경》 실시품 25장), 십타원 대사모 또한 "내가 전생에 남같이 큰 복을 짓지 못하였는데 이 생에 이 진리를 알고서 대중에게 빚질 수 없다"며 한사코 거절하였다. 비로소 사택을 장만한 것은 재가교도 진정리화가 총부에 살다가 부득이한 사정으로 서울로 귀가하게 되면서 희사한 초가 삼간집에 입주하게 되면서였다.

총부 구내에 안주하게 되면서 십타원 대사모는 사가살림 외에도 총부대중의 공동작업이 있을 때에는 언제나 빠지지 않고 함께 하였고 여느 사람의 배 이상의 작업을 하였다.

어느 여름날, 십타원 대사모가 밭을 매고 있는데 소태산 대종사가 지나가다가 말을 건넸다.

"폭양 아래 그렇게 일을 하면서도 내가 원망스럽지 않는가?"

"그렇지 않습니다"

또한 어느 땐가는 십타원 대사모가 들에서 일을 하고 새까만 밀짚모자를 쓰고 땀 젖은 적삼위에 삽을 메고 가는 것을 보고 대중들이 안타까워함에 소태산 대종사는 "저것이 하운(夏雲)이 생애의 보람이요, 복이다"고 하였다 한다.

이 무렵 교단에서는 인재 양성단을 결성하여 매월 16일에 의견교환과 단금(團金)을 내었다. 십타원 대사모는 단금마련을 위해 남의 집 벼 베기, 벼 타작 등 품삯 일을 하며 의무이행을 하였다.

십타원 대사모는 총부 선(禪)에 입선하여 강연, 회화, 의두문답 등 시간에 열심히 공부하였다. 어느 날 강연시간에 강연을 잘하자 소태산 대종사는 "하운이 잘한다. 4갑(甲)이다"라고 칭찬을 하였다.

원기 28년 6월 1일, 소태산 대종사 열반하자 이 소식을 접한 십타원 대사모는 실신하였으며, 얼마 후 정신이 들자 "아이고 이 일을 어째, 이 일을 어째" 하는 말뿐이었다.

소태산 대종사와 십타원 대사모는 슬하에 3남 1녀를 두었다. 장녀인 청타원 박길선은 원기 13년에 주산 송도성과 결혼하였고, 장남 숭산 박광전은 전무출신하여 원광대학교 초대총장으로서 대학발전에 초석이 되었으며, 차남 박광령은 일찍이 세상을 떠났고, 삼남 경산 박광진는 원광고등학교 교장을 역임했다.

십타원 대사모의 특성은 남달리 해학적이어서 유머에 능하였고 기운이 장하고 심량이 넓어 여장부다웠다. 아무리 가정에 어려운 일이 있을지라도 유머를 잃지 않았다.

언젠가 십타원 대사모의 밭에서 목화 따던 아낙네들 중 두 사람이 사소한 시비로 언쟁이 붙었다. 이를 본 십타원 대사모가 "○○댁과 ○○댁은 아마 배고플 때도 되었으니 오늘은 그만하고 내일 또 시작 하소" 하면서 퉁명스럽게 한마디 하자 함께 일하던 사람들의 웃음이 터져 온 밭 사람이 긴장을 풀고 그날의 언쟁이 끝나게 되었다 한다. 이처럼 십타원 대사모의 해학은 논밭에서 일하는 아낙네들이 뱃살을 거머쥐게 하였고, 선방의 선객들을 즐겁게 했다.

십타원 대사모는 회갑을 넘기고 부터는 가사를 모두 며느리인 겸타원 임영전에게 맡기고 조용히 수양의 시간을 보냈다.

십타원 대사모는 열반 전날 **"우리 집 가자. 우리 집 가**

자"하더니, 원기 58년 1월 7일 아침, 큰소리로 "나무아미타불" 염불 일성을 외친 후 84세로 열반하였다.

◆ 새겨보는 문제 ◆

㈎ 정토회원의 제□호로 정토원훈이 된 십타원 양□□은 16세에 한 살 아래인 소태산 대종사와 □□하였다.

㈏ 십타원 대사모는 소태산 대종사가 □□조합 기금조성에 가산 집물 일체를 방매하여 □백여 원을 기금에 합하도록 했다.

㈐ 소태산 대종사와 십타원 대사모의 자녀는 □남 1녀로 박길선, 박□□, 박광령, 박광진이다.

서문 성

전북 장수에서 태어나 1987년 원불교에 출가하여
현재는 원불교 중앙총부 순교무로 근무하고있다.

그는 우리나라의 전통과 향토사 연구로 지명, 인물,
사찰과 관련된 설화를 다수 엮기도했다.

전통과 향토사 이외의 저서로는
〈원불교 성지〉, 〈대종사님 찾아떠나는 성지여행〉
〈대종사님 그때 그 말씀 1, 2, 3, 4〉
〈위대한 스승 정산 송규종사〉, 〈시문법어〉, 〈원불교 일화〉
〈만남의 땅〉, 〈한국 귀신이야기〉, 〈작은 이야기 큰 감동〉
〈사찰 이야기 1, 2〉, 〈인연산책〉, 〈전문 박물관 둘러보기〉
〈금강산 여행〉, 〈원불교 경성 교화 1, 2〉, 〈정산종사 법문예
화〉, 등 다수가 있다.

원불교 이해 2 서문 성

- 초판 1쇄 발행 | 2008년 7월 3일
- 초판 2쇄 발행 | 2008년 9월 3일
- 펴낸곳 | 원불교교화연구소
- 주소 | 전북 익산시 신용동 344-2 · TEL(063)850-3210 Fax(063)850-3212

값 10,000원